KB037417

발명과 특허 쫌 아는 10대

나도 지식재산권을 가질 수 있을까?

발명과 특허 쫌 아는 10대

김상준 글 | 신병근 그림

풀빛

발명은 에디슨만 하는 것 아니었어?

안녕? 발명과 특허의 세계에 온 걸 환영해.

나는 우리 친구들을 재미있는 발명과 특허의 세계로 안내해 줄 인벤토라고 해. 인벤토는 생활 속에서 떠오른 아이디어로 발명을 하고 특허를 내는 발명가이자, 발명하는 방법과 지식재산권에 대해 알려 주는 발명 교육가이지.

'발명'이라고 하면 우리는 보통 어떤 생각을 하니? 아마 대부분의 사람은 발명이란 특별한 재능을 가진 천재들만 할 수 있는 분야로 알고 있을 거야. 인벤토 역시 그렇게 생각했었거든. 그런데 사실 발명은 몇 가지 간단한 원리와 방법만 이해한다면 누구나 할 수 있는 창의적인 문제 해결 방법이야.

발명은 인류의 역사와 함께 해 왔다고 해도 과언이 아니야. 구석기 시대에 사용했던 돌도끼나 돌칼 역시 그 당시로서는 매우 획기적인 발명을 한 거였거든. 그렇게 누군가 생활 속에서 느낀 불편함을 개선하기 위해 생각하고 연구한 결과물이 바로 발명이야.

하나의 발명은 또 다른 발명으로 이어지고, 여기에 새롭게 발견된 소재와 결합하면서 종류도 다양해지고 더욱 정교한 발명품으로 진화를 거듭하면서 지금에 이르게 되었어. 그래서 발명은 현재도 진행형이야. 우리는 지금 이 순간에도 누군가의 기발한 아이디어로 탄생한 발명품을 보고 듣고 사용하면서 그 편리함을 누리며 살아가고 있어.

'발명' 하면 가장 먼저 떠오르는 사람이 있지? 그래, 바로 발명왕 에디슨이야. 수많은 발명을 해 인류에게 새로운 세상을 안겨 주었고, 그 뛰어난 업적을 인정받아 지금까지도 발명의 대명사로 불리고 있지. 이러한 발명가가 에디슨만 있었던 건 아니야. 마이크로소프트를 창업해 세계 최고의 부자가 되었던 빌 게이츠나 애플의 CEO였던 스티브 잡스, 테슬라의 CEO 일론 머스크 역시 창의적인 생각으로 세상을 변화시킨 발명가라 말할 수 있어.

그런데 발명은 꼭 이렇게 유명한 사람들만 할 수 있는 걸까? 그렇지 않아. 사실 우리 주변에 보이는 물건 하나하나가 다 발명품이거든. 이렇게 다양한 물건들은 과연 누가 다 발명한 걸까? 이 중에는 발명을 전문적으로 하는 연구원들이 만든 것도 있지만, 평범한 사람들의 아이디어에서 탄생한 것도 굉장히 많아. 바로 인벤토처럼 생활 속 작은 불편함이 발명의 씨앗이 될 수 있다는 걸 깨달은 사람들이 만들어 낸 것들이지.

그렇다면 발명을 왜 배워야 하는 걸까? 그 이유는 앞으로 우리가 살아갈 세상이 창의적 인재를 절실히 원하고 있고, 이러한 창의성의 결정체가 바로 발명이기 때문이야. 발명은 문제나 정답이 정해져 있지 않아. 평범함 속에서 스스로 문제를 찾아내는 거고, 이렇게 찾은 문제를 나만의 독창적인 방법으로 해결해 새로운 효과를 만들어 내는 거지. 우리가 자주 듣는 혁신, 발상의 전환, 역발상이라는 말들 역시 각자 다르게 불리고 있지만, 새로운 관점으로 문제에 접근한다는 점이 발명과 그 맥락을 같이 하고 있어.

창의적 발상은 기업과 사회에 새로운 일자리를 창출하기도 하고, 불가능해 보이는 문제를 획기적으로 개선할 수 있도록 발판을 마련해 주기도 해. 또한 독창적인 아이디어는 지식재산권이라는 이름으로 보호를 받으며 무형의 재산이 되기도 하지.

우리는 지금부터 이 책을 통해 일상에서 문득 떠오른 아이디어를 발명으로 완성하고 특허까지 출원하는 과정을 배워 나가게 될 거야. 또한 상표권, 디자인권, 저작권 등 우리가 알아야 할 지식재산권의 전체적인 내용을 이해함으로써 다가올 지식재산권 시대를 보다 현명하게 준비할 수 있을 거야.

자! 그럼 지금부터 인벤토와 함께 흥미진진한 발명과 특허의 세계로 떠나보도록 할까?

차례

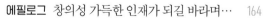

창의성의
또 다른 이름,
발명

4차 산업혁명 시대!
발명이 재조명되고 있다

발명의 세계로 떠나는 여행! 그 시작은 바로 4차 산업혁명 이야기야. 4차 산업혁명을 거치면서 우리는 지금껏 상상했던 것보다 훨씬 더 놀라운 세상을 경험하게 되었어. 지난 100년간의 발전보다 앞으로의 10년이 더 많은 변화를 가져올 것이라고 전문가들은 입을 모았지.

그럼 먼저 산업혁명이 무엇인지부터 알아볼까? 산업혁명이란 무언가의 발견이나 발명으로 인해 산업과 사회에 큰 변화를 가져오게 된 시점을 말해. 그 시작인 1차 산업혁명은 1784년에 증기기관이 발명되면서부터야. 이를 계기로 이전의 많은 수작업들이 기계화로 바뀌었어. 그 뒤를 이은 2차 산업혁명은 1870년부터 전기를 이용해 대량 생산이 가능해지면서 생산성의 비약적인 발전을 가져왔지. 정보 혁명이라고도 불리는 3차 산업혁명은 1969년에 인터넷이 이끈 컴퓨터 정보화와 자동화 시스템의 구축으로 정보통신 분야의 획기적인 발전을 가져온 산업혁명을 말해. 마지막으로 우리가 알아야 할 4차 산업혁명이란 인공지능, 사물인터넷, 로봇 기술, 드론, 자율주행 차, 가상현실 등이 주도하는 차세대 산업혁명을 말해.

4차 산업혁명의 핵심 키워드는 빅데이터와 인공지능을 들 수 있어. 쉽게 말해, 엄청난 양의 정보들을 바탕으로 지금보다 훨씬 똑똑한 컴퓨터가 각각의 사물들과 연결되어 일을 처리하는 초연결, 초지능, 초융합이 이뤄지는 첨단시대로 접어드는 것을 말하지. 4차 산업혁명은 인간에게 더욱 편리한 삶을 제공해 줄 거라는 긍정적인 면도 있지만, 반대로 그동안 인간이 해 왔었던 일들을 인공지능이 대신하게 됨으로써 일자리가 크게 줄어들 거라는 사회 문제도 함께 가지고 있어. 하지만 모든 분야의 일자리가 줄어들거나 사라지는 것은 아니야. 앞으로 어떤 분야의 일자리가 새로 생겨나고 사라지게 될지 생각해 보는 시간을 가진다면 진로 결정에 많은 도움이 될 거야.

인간 이세돌과 인공지능 알파고의 대결을 알고 있니? 시합이 이뤄지기 전만 해도 무한에 가까운 '경우의 수'를 가진 바둑만큼은 컴퓨터보다 인간이 우위일 거라고 생각하는 사람들이 대부분이었어. 컴퓨터는 인간이 정해 놓은 명령에 의해서만 움직인다는 것이 보편적인 생각이었거든. 하지만 예상과 다르게 결과는 인공지능의 승리로 끝났고, 비로소 컴퓨터가 딥 러닝이라는 새로운 기술을 통해 스스로 학습하고 진화할 수 있는 지능을 가졌다는 걸 확인하게 되었지.

인공지능은 실제로 이미 많은 영역에서 인간보다 더 빠르고 정확하게 일을 처리할 수 있는 능력을 가지고 있어. 하지만, 아무리 뛰어난 성능을 가진 인공지능이라 할지라도 인간을 뛰어넘을 수 없는 영역이 있어. 바로 인간 특유의 능력인 '창의성'이야. 이런 이유로 인공지능 시대에 인간에게 남은 최후의 보루는 바로 창의성이라고 말하고 있어.

창의성이란 새롭고, 독창적이고, 유용한 것을 만들어 내는 능력을 말해. 이것은 여태껏 없었던 기술이나 물건을 새로 생각해

만들어 내는 발명의 개념과 매우 유사하지. 때문에 4차 산업혁

명 시대에 살고 있는 우리는 인간 고유의 능력인 창의성을 이해

하고, 그것을 결과물로 만들어 내는 발명과 특허를 배울 필요가

있는 거야. 또한 이것이 인류의 역사와 함께해 온 발명이 최근에 더욱 재조명받고 있는 이유라고도 말할 수 있어.

발명이나 특허는 똑똑한 사람만 할 수 있는 것이 아니냐고? 인벤토 역시 몰랐을 땐 그렇게 생각했었어. 그런데 알고 보니 그렇지 않더라고. 발명은 이미 우리 생활 속에 가까이 존재해 있고, 스스로 찾아낸 문제를 나만의 방식으로 해결해 가는 과정이기 때문에 흥미진진 그 자체라 말할 수 있어. 지금까지 우리가 몰라서 어렵게 느꼈을 뿐 알고 보면 너무 쉽고 재미있는 분야가 바로 발명이야.

창의성도 쑥쑥 올라가고 특허도 받을 수 있는 발명의 세계로 초대할게. 앞으로 더욱 재미있고 흥미로운 내용이 친구들을 기다리고 있을 거야.

발명의 세계로
출바알~!!

재미있는
발명의 세계

기업들은 왜
창의적인 인재를
원하는 걸까?

인벤토가 친구들에게 한 가지 질문을 할게. 어떤 물건이 만들어

지고 그것이 발전하기 위해서는 기술이 먼저일까, 아이디어가

먼저일까?

　그래, 맞아. 아이디어가 먼저야. 어떤 분야의 기술이든 그것이

만들어지고 발전하기 위해서는 필요성이 먼저 요구되어야 해.

다시 말해 기술은 아무런 이유 없이 개발되는 것이 아니라, 사

람들이 불편함을 느끼고 해결 방법을 찾는 과정을 거치며 조금씩 발전한다는 거지. 따라서 우리가 느끼는 불편함은 그 자체가 발명의 시발점이 되는 것이고, 기술 발전의 이정표가 된다고 말할 수 있어.

한 예로, 현재 우리에게 생활의 필수품이 되어 버린 스마트폰이 지금까지 어떤 과정을 거치며 발전해 왔는지 살펴볼게. 그 시작은 아마도 '멀리 있는 사람과 의사소통할 수 있으면 좋겠다'는 작은 바람이었을 거야. 그때부터 사람들은 이것을 실현할 다양한 방법을 찾아 연구했고, 그 결과 전화기라는 혁신적인 발명품이 탄생했어. 마침내 사람들은 꿈에 그리던 새로운 세상을 경험하게 되었지.

그런데 인간의 욕심은 끝이 없고, 언제나 그 이상의 기술을 바라게 되거든. 전화기가 보편화되고 사람들의 일상 속에 자리 잡게 되면서, 이제는 '장소에 구애받지 않고 어디서나 전화 통화를 할 수 없을까?'를 생각하게 되었고, 이후 다양한 관련 기술들이 개발되고 발전하면서 무선 전화기 시대를 거쳐 휴대전화기가 만들어지게 된 거야.

이처럼 사람들이 생활 속에서 경험되어지는 불편함은 새로운 제품 개발에 하나씩 적용되어 갔어. 휴대전화에 녹음기가 결합되고, 음악을 들을 수 있는 MP3가 추가되고, 컴퓨터 지원 기능이 추가되고, 전자수첩과 카메라 등 다양한 전자 기기들이 결합되면서 현재 우리가 사용하고 있는 다재다능한 스마트폰이 만들어지게 된 거야. 여기서 멈추지 않고 더 가볍고, 더 선명하고, 더 빠른 것을 원하는 사람들의 욕구를 충족시키기 위해 기업들은 매년 기술을 업그레이드하며 새로운 기능을 갖춘 신제품을 만들어 내고 있지.

그런데 이렇게 계속해서 발전할 것만 같았던 기술은 어느 순간 정점에 다다르며 기술의 상향평준화 시대를 맞이하게 돼. 다시 말해 이제는 중국에서 만든 스마트폰과 우리나라에서 만든 스마트폰이 큰 성능 차이를 보이지 않는 시대가 된 거야. 그 결과, 기업들은 이제 과거와 같은 하드웨어의 성장만으로는 더 이상 경쟁력을 갖추기 힘들다는 걸 깨닫지. 단순한 기술적 성장을 넘어 창의성을 갖춘 기술의 발전이 필요한 시대에 접어들게 된 거야. 그 때문에 이제는 얼마나 성능이 우수하느냐가 소비 결정에 영향을 미치기보다 어떤 콘텐츠를 갖춘 기술이냐가 더 중요해지고 있어. 즉, 어떤 유용한 기능을 갖춰 편리함을 제공할 것인지, 얼마나 멋진 디자인으로 호감을 살 것인지, 또 어떤 브랜드로 소비자들에게 기억될 것인지 등의 요소들 말이야. 우리가 특허권, 디자인권, 실용신안권, 상표권과 같은 산업재산권을 알아야 할 이유가 바로 여기에 있는 거지.

친구들도 알다시피 우리나라의 기술력은 세계 최고 수준이라 말할 수 있어. 지금은 기술이 없어서 못 만드는 시대가 아니라, 아이디어가 없어서 못 만드는 시대라 해도 과언이 아니야. 다시 말해 이제는 깨끗하게 빨리는 세탁기, 냉장과 냉동이 잘되는 냉장고, 해상도 높은 텔레비전 등과 같은 기본적인 제품의 성능 때문에 물건을 구매하는 소비자보다 새로운 기능이나 색다른 디자인, 새로운 칼라 등 '아주 작은 아이디어 차이'가 제품 구매를 결정하는 중요한 요소가 되었어.

그렇다면 여기서 말하는 '아이디어'란 대체 뭘 말하는 걸까? 기기에 펜을 내장하고 있어 필요할 때마다 뽑아서 노트처럼 사용할 수 있는 스마트폰을 친구들도 본 적이 있을 거야. 소비자가 이 제품을 선택하는 이유가 뭘까? 이 제품을 베스트셀러 모델로 만든 기술은 다름 아닌 '스마트폰에 펜을 내장한다'는 아주 간단한 아이디어였어. 이뿐만이 아니야. 빨래판이 결합된 세탁기, 문에 미니 홈바를 결합한 냉장고, 행거 봉을 흔드는 원리를 이용해 만든 의류 스타일러 역시 사람들이 생활 속에서 느끼는 불편함을 해결해 줄 간단한 아이디어가 결합해 탄생한 히트 상품들이라 말할 수 있어.

이러한 이유 때문에 기업들은 독창적인 아이디어로 새로운 수요를 창출할 수 있는 인재를 필요로 하고 있어. 창의적인 아이디어가 기업에 큰 이익을 가져다줄 수 있는 기술 개발의 원동력이 되기 때문이야. 그리고 이 '아이디어'는 '특허'라는 이름으로 보호받게 됨으로써 다른 기업이 함부로 따라 할 수 없는 그 기업만의 '강력한 경쟁력'이 되지.

아이디어는 전문가들만 낼 수 있는 게 아니야. 스마트폰에 펜을 내장하거나 세탁기에 빨래판이 결합되면 좋겠다는 아이디어는 특별한 기술이나 지식이 없어도 누구나 생각할 수 있는 거잖아? 단지 우리가 지금까지 이것이 발명이고, 이런 아이디어도 특허가 될 수 있다는 걸 몰랐을 뿐이야. 다시 말해 발명은 관련 분야 전문가나 과학자, 또는 성인만 할 수 있는 게 아니라는 거지.

한 명의 위대한 발명가가 100만 명을 먹여 살리는 시대가 다가오고 있어. 우리나라의 우수한 기술력과 친구들의 창의적인 아이디어가 결합한다면 머지않아 대한민국은 세계를 선도하는 초일류 국가로 거듭나게 될 거야.

창의적 발상이 가져오는
놀라운 효과

한 사람이 생각해 낸 창의적 발상은 때론 문제의 판을 뒤집으며 예상치 못한 놀라운 효과를 가져오기도 해. 그 좋은 예로 과거 서산시 간척지 사업에서 빛을 발한 '정주영 공법'을 들 수 있어.

정주영 공법은 이름에서 알 수 있듯, 정주영이라는 사람이 생각해 낸 기발한 공사 기법을 말해. 정주영이 누구냐고? 바로 우리나라의 대표 기업인 현대자동차를 비롯해 현대건설, 현대중

공업 등 범현대가를 만든 장본인이자, 한때 대한민국의 근대화를 이끌었던 유명한 기업인이야. 무에서 유를 창조한 그의 개척 정신은 지금까지도 많은 이들에게 귀감이 되고 있지.

때는 1983년, 충남 서산에 6400미터 규모의 서산 방조제 사업이 한창 진행 중일 때 마지막 A지구의 물막이 공사가 난항에 부딪히게 돼. 불과 270미터만 연결하면 완성되는 단계인데, 초속 8미터의 엄청난 물살 때문에 아무리 커다란 바위를 쏟아부어도 모두 바다로 쓸려나가 버리는 상황이었어. 홍수 때 한강의 물살이 초속 6미터로 흐르니 그 당시 현장의 물살이 얼마나 빨랐는지 예상해 볼 수 있을 거야.

당시 공사를 맡았던 현대건설은 이 문제를 해결하기 위해 최신 장비를 동원하고 학계에 문의해 보는가 하면, 해외 컨설팅 회사에까지 연락을 취해 봤지만 모든 방법이 소용이 없었어. 몇 날 며칠 공사는 진척 없이 발만 동동 구르는 상황이었지. 그런데 이 문제로 현장을 살펴보던 정주영 회장이 아주 기발한 아이디어로 문제를 해결하게 돼. 해체해서 고철로 쓰려고 스웨덴에서 구입해 놓았던 23만 톤급 유조선을 이용하는 거였는데, 배를 끌어다 가라앉혀 물살을 막은 뒤에 그 틈을 타 바위를 쏟아부어 물막이 공사를 완성한다는 계획이었지. 이러한 공사 방식은 그

때까지 한 번도 시행해 본 적이 없었던 만큼 성공을 장담하기 힘들었지만, 그 특유의 추진력으로 공사를 진행하였고 그 결과 그렇게 애를 먹었던 공사를 단 이틀 만에 마무리할 수 있었어.

기발한 아이디어가 빛을 발한 이 공사는 계획보다 36개월이나 기간을 단축시키며 290억이라는 당시로서는 엄청난 공사 비용을 절감할 수 있었지. 그 결과 여의도의 33배에 이르는 4700만 평의 땅이 우리나라에 추가되었어. 전 세계 매스컴의 극찬을 받았던 정주영 공법은 지금까지도 도로나 다리, 항만 등을 다루는 토목업에서 교과서처럼 회자되는 유명한 일화이기도 해.

여기서 우리는 그의 문제 해결 방식에 주목할 필요가 있어. 아마도 대부분의 직원들은 물막이 문제를 해결하기 위해 얼마나 무거운 돌을 일시에 쏟아부어야 물살에 영향을 받지 않을까를 계산했을 거야. 주어진 문제에 정해진 소재만을 보았던 거지. 하지만 정주영 회장은 이런 고정관념의 틀에서 벗어나 물막이 공사와는 전혀 상관없는 유조선을 이용하겠다는 기발한 발상을 했고, 그 결과 해결의 기미가 보이지 않았던 문제의 판을 뒤집는 데 성공했지.

그는 어떻게 이런 기발한 발상을 할 수 있었을까? 얼핏 보면 단순해 보이지만 여기에는 세 가지 중요한 능력이 필요해. 즉,

물길이 좁아질수록 물살은 빨라지기 때문에 단순히 돌의 무게를 늘리는 것만으로는 문제 해결이 어렵다고 판단한 관찰력, 그때문에 무언가를 이용해 일시적으로 물길을 막아 물살을 줄여야 승산이 있을 것이라는 직관력, 마지막으로 270미터라는 거대한 물길을 일시에 막을 방법으로 방조제 공사와는 전혀 상관없는 유조선을 이용하겠다는 독창적인 문제 해결 능력이 바로 그것이야.

우리가 앞으로 배우게 될 발명 역시 이와 비슷한 과정을 거치며 이전에 없던 새로운 결과물을 만들어 내는 과정이라 생각하면 돼. 즉, 생활 속 불편함에서 문제를 찾아내고, 이렇게 찾은 문제의 원인을 파악하고, 이를 해결할 다양한 방법들 중에 가장 효율적인 방법을 선택해 해결한다는 점에서 앞서 살펴본 정주영 공법은 발명의 과정과 매우 비슷하다고 말할 수 있지.

정주영 공법에서 보여 준 독창적인 문제 해결 방식을 머릿속에 잘 기억해 둔다면 앞으로 발명을 이해하고 배워 나가는 데 많은 도움이 될 거야.

발명은 도대체
어떻게 하는 걸까?

이해하고 나면
너무나 쉬워지는
발명

자, 이제부터 본격적으로 발명에 대해 알아볼까?

'발명'이 무엇인지 국어사전을 찾아보면 '아직까지 없던 기술
이나 물건을 새로 생각하여 만들어 내는 것'이라고 정의하고 있
어. 이전에 없었던 새로운 물건을 만들어야 발명이라니, 처음부
터 너무 어렵다는 생각이 들 거야. 그런데 사실 이건 '원천 발명'
의 개념을 설명하고 있는 거야.

원천 발명이 뭐냐고? 지금부터 알아볼 발명 중의 한 종류를 말해. 발명에도 몇 가지 종류가 있는데, 그 종류를 이해하고 나면 발명이 훨씬 더 쉽게 느껴질 거야.

먼저, 발명은 원천 발명과 개량 발명으로 나눌 수 있어.

원천 발명이란 어떤 분야의 근간이 되는 기술을 말하는 것으로서 개척 발명이라고도 부르지. 뉴스에서 "이느 기업이 원천 기술을 확보했다"는 말을 친구들도 들어본 적이 있을 거야. 여기서 말하는 원천 기술이 바로 이전에 없었던 분야에서 새로운 발명을 했다는 것이고, 이렇게 '원천 기술'을 통해 등록받은 특허가 바로 '원천 특허'가 되는 거야. 하지만 원천 발명은 완전히 새로운 분야를 개척해야 하는 발명이기 때문에 일반인들이 접근하기란 쉽지 않은 게 사실이야.

그래서 우리가 주목해 볼 만한 발명이 바로 개량 발명이야. 개량 발명이란 이미 만들어진 물건이나 방법을 개선해서 이전에 없던 새로운 효과를 만들어 내는 발명을 말하는 것으로, 이용 발명이라고도 하지. 주변에 존재하는 모든 물건이 그 대상이 되므로 소재 또한 무궁무진하고, 특별한 전문 지식이 없어도 누구나 어렵지 않게 접근할 수 있는 발명이야. 때문에 개량 발명의 관점에서 발명을 다시 정의한다면 '불편한 점을 찾아 편리하게

만들어도 발명이다'라고 말할 수 있어. 실제로 현대에 이뤄지는
대부분의 발명과 특허가 이 개량 발명에 해당한다고 보면 돼.

다른 예시로 앞에서 설명한 두 종류의 발명을 좀 더 쉽게 이해해 보자. 가위라는 물건이 존재하지 않았던 시대에 누군가 최초로 지렛대의 원리를 이용해 칼날과 칼날을 교차함으로써 대상물을 쉽게 자를 수 있는 물건을 발명하게 되었어. 이처럼 이전에 없었던 완전히 새로운 발명을 한 경우가 원천 발명이 되는 거야.

개량 발명은 기존에 이미 발명되어 있는 가위에 새로운 기능을 추가하는 형태로 발명하는 거라고 이해하면 돼. 예를 들어 손잡이 부분에 줄자가 달린 가위, 야채를 쉽게 자를 수 있게 도마와 가위를 결합한 도마 가위, 나무의 잔가지를 쉽게 자를 수 있게 만든 전지가위 등이 여기에 해당하지. 즉, 기본 발명을 베이스로 더욱 업그레이드하며 편리함을 추가하고 개선한 발명이 개량 발명이야.

그런데 여기서 한 가지 궁금증이 생길 거야. '다른 사람의 발명을 이용해서 개량 발명을 해도 괜찮은가?' 하고 말이야. 개량 발명 역시 원천 발명이 가지지 못한 새로운 효과를 가진 또 다른 발명품이기 때문에 발명 자체는 문제가 되지 않아. 그렇지만 한 가지 주의할 점이 있는데, 만약 원천 발명에 특허의 권리가 아직 살아 있다면 개량 발명을 하기 위해서는 원천 발명 특허권자의 허락을 얻어야 한다는 점이야. 이렇게 원천 특허를 이용하는 대가로 내는 비용을 우리는 흔히 '로열티'라고 부르지. 스마트폰을 하나 만들 때마다 원천 특허를 가진 다른 기업에게 로열티를 지급하는 경우가 바로 여기에 해당해. 이런 이유로 원천 발명은 상당한 경제적 가치를 가지는 경우가 많아. 하지만 특허의 권리가 이미 소멸된 경우라면 원천 발명을 이용하는 데 아무런 문제가 되지 않고, 로열티 역시 지불할 필요가 없어.

만약 현재가 구석기 시대라면, 발명품이 거의 존재하지 않았던 때라 원천 발명의 소재가 무궁무진했을 거야. 하지만 수천 년의 역사를 가진 인류 문명은 그동안 수많은 발명을 해 왔고, 다양한 발명품을 탄생시켰어. 그렇기 때문에 이제 막 발전을 시작하는 신생 분야가 아니라면 원천 발명을 한다는 게 결코 쉽지 않아. 또한 개량 발명은 그 자체만으로도 의미가 있어. 오히려 원천 발명에서 해결하지 못했던 문제를 개선함으로써 편리함을 가져왔다면 그 발명으로 큰 부자가 될 수도 있지.

발명은 물건 발명과 방법 발명으로도 구분할 수 있어. 먼저 물건 발명이란 어떠한 형태를 가진 발명품을 말해. 우리가 주변에서 흔히 볼 수 있는 냉장고, 책상, 의자 등 형태를 가진 물건들이 물건 발명에 해당하지. 이에 반해 방법 발명이란 어떤 목적을 이루기 위해 제조 방법이나 생산 방법, 통신 방법, 측정 방법 등을 발명한 걸 말해. 우리는 지금까지 손으로 만질 수 있는 물건만 발명이라고 알고 있었을 거야. 그런데 특수한 효과를 가져올 수 있는 무형의 방법 역시 발명이라 말할 수 있어.

길가 노점에서 이런 문구를 본 적이 있을 거야. 특허 받은 호떡, 짬뽕, 빵 같은 것들 말이야. 음식을 만드는 방법은 손에 잡히는 유형의 물건이 아니잖아? 바로 이런 경우가 방법 발명으로 특허를 받은 거지.

이와 더불어 배달 음식 어플이나 숙박 예약 어플 등에 적용되는 독창적인 온라인 사업 방식 역시 BM(Business Model) 특허라 불리는 발명 중의 하나라고 말할 수 있어.

수학이나 과학을 못해도
발명할 수 있다고?

발명은 과학적 지식이 뛰어나야만 할 수 있다고 생각하는 친구

들이 많을 거야. 여기에 대한 인벤토의 생각은 "반은 맞고 반은

틀리다"야. 그 이유는 발명의 종류로 설명할 수 있는데, 예를 들

어 자동차 엔진이나 반도체 기술 등의 발명은 고도의 지식이 필

요하고, 당연히 관련된 학문이 선행되어야 할 거야.

하지만 발명이 꼭 이렇게 어렵고 복잡한 것만 있는 건 아니

야. 우리가 일상에서 자주 사용하는 생활용품들을 살펴보더라 도 대부분 간단한 구조와 원리로 이루어져 있는 걸 볼 수 있거 든. 간단한 생활용품 아이디어 발명의 경우엔 수학이나 과학 지 식이 없어도 전혀 문제가 되지 않아.

연필과 지우개를 결합해 만든 '지우개 연필'은 친구들도 이미 잘 알고 있을 거야. 그림을 그릴 때 자주 사용하게 되는 지우개 가 자꾸 분실되는 불편함에서 아이디어를 떠올려 만든 발명품 이지. 단순히 연필과 지우개를 결합했을 뿐인데 이 간단한 아이 디어가 발명가에게 많은 돈을 벌어 주었다니 새삼 놀라워 보일 거야.

또 장미 가시덤불에 접근하지 못하는 양들의 습성을 관찰해 만든 철조망 역시 자연 속에서 아이디어를 떠올려 만든 발명품 이야. 철조망은 1874년에 특허권을 얻었는데, 역사상 가장 많은 돈을 번 발명품으로도 아주 유명해. 당시 얼마나 많은 돈을 벌 었는지 10명이 넘는 직원들이 1년을 꼬박 계산해도 정확한 수입을 산출할 수 없었다는 스토리가 전해지기도 해.

그런데 이렇게 간단한 원리가 적용된 발명은 과거에만 가능 했던 걸까? 아니, 그렇지 않아. 시대가 달라지면서 그 종류와 소 재만 바뀌었을 뿐, 지금도 계속해서 새로운 발명품들이 탄생하

고 있거든. 2015년 생활발명코리아 대회에서 대통령상을 수상

한 '이동식 분리수거 핸드 캐리어'의 경우 가정집에서 흔히 사용

하는 분리수거함에 바퀴와 손잡이를 결합한, 아주 간단한 원리

를 적용해 만든 발명품이야. 매일같이 쌓이는 재활용 쓰레기를

무겁게 들고 이동해야 하는 과정에서 느꼈던 불편함을 해결한

발명이지. 발명대회 출품 후 그 우수성을 인정받아 대통령상을

받는 영예를 안게 되었고 평범한 주부였던 발명가를 억대 연봉 CEO로 만들어 주었어. 정말 멋지지 않아? 이동식 가정용 분리수거함인 오니해 상품 홈페이지에 가면, 발명 이야기를 읽을 수 있어.

2019년 세계여성발명엑스포에서 대상을 받은 '스테인리스 조립식 빨대' 역시 원형의 빨대를 반으로 잘라 슬라이드 형식으로 결합해 사용할 수 있도록 만든 매우 간단한 원리가 적용된 발명품이야. 환경호르몬 문제로 일회용 플라스틱 제품의 사용을 줄이고자 노력한 끝에 탄생한 발명품이지.

여기서 우리가 주목할 만한 부분이 있는데, 바로 이 아이디어를 처음 생각해 낸 사람이 학생이라는 점이야. 우연히 떠오른 아이디어를 바탕으로 온 가족이 한 팀이 되어 만들어 낸 멋진 결과물이라 할 수 있지.

어때? 앞의 사례를 살펴보니 발명이 그동안 우리가 생각했던 것처럼 어렵고 거창하기만 한 게 아니지? 사실 우리가 발명을 어렵다고 느끼는 건 그동안 제대로 접해 볼 기회가 많지 않아서가 아닐까 생각해. '발명' 하면 에디슨이나 스티브 잡스 같은 천재 발명가들이 남긴 위대한 업적만 보고 듣다 보니까 자연스레 발명은 매우 특별한 재능과 고도의 지식을 가진 사람들만 할 수 있는 영역이라 생각하고 관심 자체를 갖지 않았던 거지.

발명은 얼마나 많은 지식을 가지고 있느냐보다 얼마나 다른 관점으로 문제를 바라보고 접근하느냐가 훨씬 더 중요해. 친구들에게 발명을 알려 주고 있는 인벤토 역시 지금까지 많은 발명을 하고 특허도 내고 있지만, 사실 학생 시절엔 공부와는 거리가 멀었었어. 그래도 지금까지 발명을 해 오면서 큰 어려움을 느끼거나 문제가 된 적은 없었어. 그러니까 공부에 소질이 없다고 해서 발명까지 못 할 거라는 생각은 하지 않아도 돼.

지금까지 잘 몰랐던 발명의 개념을 새롭게 이해하는 것을 시작으로, 늘 당연하게만 여겨왔던 현상과 사물을 조금씩 다른 시각에서 관찰하는 습관을 기른다면 누구나 얼마든지 멋진 발명가가 될 수 있을 거야.

모든 발명은
불편함에서부터 시작된다

만약 친구들이 "발명은 어디서부터 시작해야 하나요?"라고 질
문한다면 아마도 세상의 모든 발명가들은 똑같은 대답을 해줄
거야. "일상에서 느낀 불편함에서부터 시작하면 된다"라고 말
이야. 편리함의 반대말이기도 한 불편함이란, 무언가 조화롭지
않은 비효율적인 상태를 뜻하지.

아마도 불편함을 추구하거나 좋아하는 사람은 세상에 없을

거야. 하지만 발명가들에게는 불편함이 조금은 특별한 의미를 가지고 있어. 그들은 이것이 발명의 모티브가 된다는 사실을 아주 잘 알고 있거든. 바꿔 말하면 발명가는 생활 속의 불편함을 아주 잘 활용할 줄 아는 사람들이라 할 수 있지. 만약 친구들도 불편함에 대한 관점을 조금만 바꾼다면 주변의 모든 사물이 어느 순간 발명의 소재로 보이기 시작할 거야.

생활 속 불편함에서 발명의 소재를 발견했다면 그 다음으로는 이것을 해결할 구체적인 방법을 찾는 과정을 거쳐야 해. 하지만 너무 걱정할 필요는 없어. 몇 가지 기본적인 발명 기법들을 적용해 보는 것만으로도 얼마든지 좋은 발명을 할 수 있을 테니까. 앞으로 설명하게 될 발명 기법들은 발명가들 역시 실제로 많이 활용하는 방법들이므로 익혀 둔다면 앞으로 큰 도움이 될 거야.

다음으로 생각해 봐야 할 문제는 발명의 효과 부분이야. 발명이란 결국 어떤 문제를 찾고 그것을 해결하는 과정이잖아. 불편함이 발명의 씨앗이라면 발명의 효과는 그 씨앗이 자란 열매라 말할 수 있어. 탐스러운 열매일수록 사람들에게 인기가 많은 것처럼 발명의 효과가 크고 명확할수록 좋은 발명이 되고, 활용 가치가 높은 특허가 될 수 있지.

발명의 과정이 모두 순조롭게 진행되면 좋겠지만 어떤 경우에는 도저히 좋은 방법이 떠오르지 않을 때도 있을 거야. 이럴 때 우리가 주변에서 흔히 듣게 되는 말 중의 하나가 역발상이라는 말이야. 역발상이란 어떤 문제를 반대로 뒤집어 생각해 본다는 뜻이야. 그러면 예상치 못했던 결과물이 탄생하기도 해. 뚜껑의 위치를 위에서 아래에 바꾼 화장품 용기가 역발상의 대표적 사례라 말할 수 있을 거야. 그 결과 중력의 영향으로 내용물이 아래로 내려와 끝까지 다 사용할 수 있는, 아주 멋진 효과를 가져왔으니 말이야.

이러한 역발상에서 한 걸음 더 나아가 생각할 수 있는 것이 바로 발상의 전환이야. 발상의 전환이란 입체적인 관점에서 문제를 바라보고 해결 방법을 찾는 걸 말해. 가까이에서 또는 멀리에서, 위에서 또는 아래에서, 오른쪽에서 또는 왼쪽에서 바라보는 거야. 즉 관점을 다변화시키는 거지. 이렇듯 다양한 관점에서 문제를 살피고 생각하다 보면 이전에 보이지 않았던 새로운 것을 발견할 수 있고, 이러한 과정을 거치며 발명의 완성도를 높여 갈 수 있거든.

관점을 바꿔 생각하는 것이 처음에는 낯설고 또 어렵게 느껴지기도 할 거야. 인벤토가 좋은 방법을 하나 알려 줄게. 바로 우리가 일상에서 사용하고 있는 물건들을 하나씩 관찰하며 '이 물건을 발명한 사람은 어떤 상황에서 어떠한 불편함을 느껴서 이런 아이디어를 떠올리게 된 걸까?'라고 발명가의 관점으로 바라보는 연습을 해 보는 거야. 내가 생각해 낸 답이 꼭 정답이 아니어도 괜찮아. 단지 그 상황을 유추해 보는 것만으로도 많은 것을 터득할 수 있으니까. 이러한 과정을 반복하다 보면 발명 아이디어로 발전할 수 있었던 불편함이 무엇인지 어느 순간 깨닫게 될 거야. 책에서 배울 수 없는 아주 효과적인 방법이니까 꼭 한번 실천해 보기를 바랄게.

발명이란 결국 우리가 일상에서 느낀 불편함을 어떻게 받아들이고 어떤 선택을 하는지에 따른 결과라 말할 수 있어. 이제부터 친구들에게도 불편함이 찾아온다면 피하지 말고 당당하게 마주해 보면 어떨까? "드디어 나에게도 발명을 해 볼 좋은 기회가 찾아왔구나!"라고 반기면서 말이야.

여덟 가지 원리만 알면
나도 발명가

이번에는 발명 과정 중에 가장 어렵게 느껴지는 '문제 해결 방법'을 배워 보도록 할까? 이미 우리에게도 잘 알려진 발명의 여덟 가지 원리는 실제로 발명가들도 자주 활용하는 매우 실용적인 방법들이야. 불편함을 찾았는데 해결할 좋은 방법이 떠오르지 않을 때 다음의 기법들을 하나씩 적용하다 보면 어느 순간 놀라운 발명품이 탄생하게 될 거야.

❶ 더하기 기법

물건과 물건 또는 방법과 방법을 더하는 방식으로 새로운 발명품을 만들어 내는 발명 기법이야. 가장 많이 활용되고 또 가장 쉽게 따라할 수 있는 방법이지. 신발과 바퀴를 결합한 롤러블레이드나 포크와 숟가락을 더해서 만든 포크 수저 등이 바로 더하기 기법을 활용한 발명에 해당한다고 볼 수 있어.

여덟 가지 원리

더하기 빼기 크기 바꾸기 아이디어 빌리기

모양 바꾸기 용도 바꾸기 반대로 생각하기 소재 바꾸기

더하기 기법을 이용한 발명품
✦ 두리 유아 변기 커버 ✦

두리 유아변기 커버는 이름에서 알 수 있듯 화장실에서 사용하는 변기 커버에 관한 발명품이야. 인간은 태어나 성인이 되는 과정에서 누구나 배변 훈련이라는 것을 거치게 돼. 즉, 기저귀를 사용하던 아기가 유아용 변기에 용변을 보는 인습을 거치며 차츰 일반 변기를 사용하는 데 적응하는 거지.

친구들 역시 어렸을 적 작고 귀여운 유아용 변기를 사용한 경험이 있을 거야. 유아용 변기에 볼일을 보게 되면 변기통을 비우고 세척하는 등 번거로운 과정이 필요해. 발명가는 아마도 이때 느낀 불편함에서 발명을 구상하게 되었을 거야.

해당 발명품은 일반적인 변기 커버에 유아 전용 변기 커버를 결합하는 매우 간단한 원리와 구조로 되어 있어. 평상시에는 가정에서 사용하는 성인용 변기 커버를 사용하다가 아이가 응가를 볼 때만 엉덩이에 꼭 맞는 유아 전용 커버를 내려서 사용하는 형태지. 즉 하나의 변기에 어른과 아이가 동시에 사용할 수 있는 두 가지 효과를 주는 거야. 배변 훈련이 필요한 아이가 있는 가정에서는 꼭 필요한 활용성 높은 발명품이라고 생각해.

❷ 빼기 기법

기존의 물건에서 어느 한 부분을 제거하는 방법으로 새로운 효과를 만들어 내는 발명 기법이야. 앉아서도 허리를 기댈 수 있게 만든 의자 다리를 없앤 좌식 의자나 수박의 씨를 제거한 씨 없는 수박이 바로 빼기 기법을 활용한 발명에 해당하지.

빼기 기법을 이용한 발명품
✦ 다이슨 선풍기 ✦

선풍기의 필수 구성 요소인 프로펠러 형태의 날개가 없는데도 바람이 나오는 이 제품은 출시 당시 엄청난 화제였지.

일반적인 선풍기는 뒤쪽에 모터가 달려 있고 여기에 연결된 날개가 회전하면서 바람을 일으키는 원리로 작동하게 되어 있어. 매우 빠른 속도로 회전하는 선풍기 날개는 그 자체가 어린 친구들에게는 위험 요소이기도 하지. 보호망이 씌워져 있지만 아이들이 호기심에 손가락을 넣어서 안전사고가 빈번하게 발생했어. 그래서 발명가는 바로 이 불편한 점을 개선한 새로운 방식의 선풍기 발명을 구상하게 되었고 마침내 날개를 과감하게 제거한 혁신적인 선풍기가 탄생했지.

다이슨 선풍기는 날개 없이 어떻게 바람을 일으키는 걸까?

그 비밀은 바로 제트엔진 원리로 설명할 수 있어. 다이슨 선풍기는 뻥 뚫린 원형의 모양을 가지고 있는 걸 볼 수 있는데 겉으로 볼 때는 모터나 날개가 없는 것처럼 보이지만 사실 내부에는 공기를 흡입하는 특별한 장치가 있어. 덕분에 선풍기 밑부분으로 흡입된 공기는 둥근 테두리 부분의 얇은 공기 이송관을 회전하며 빠른 유속을 만들어 내는 거야. 우리가 고무 호스를 손으로 눌러서 입구를 막으면 물줄기가 강해지는 원리와 비슷하다고 생각하면 돼.

발명된 지 100년이 훌쩍 넘는 선풍기에 혁신을 이뤄 낸 날개 없는 다이슨 선풍기는 누구나 한 번쯤 사용해 보고 싶은 발명품이 아닐까 싶어.

❸ 크기 바꾸기 기법

큰 물건을 작게 하거나 작은 물건을 크게 해 발명하는 기법을 말해. 우산을 응용해 만든 파라솔이나 우산의 크기를 작게 만들어서 휴대성을 높인 접이식 우산, 냉장고의 크기를 작게 만든 화장품 냉장고 등의 발명품이 여기에 속하지.

크기 바꾸기 기법을 이용한 발명품
✦ 3단 접이식 우산 ✦

우산은 우리의 생활과 떼려야 뗄 수 없는 생활용품으로, 비라는 자연 현상을 극복하며 야외활동을 가능하게 해 준 아주 고마운 발명품이지. 일반적으로 사용하는 큰 우산은 비를 막는 데는 효과적이지만 휴대하기가 불편하다는 단점을 가지고 있었어. 아마도 발명가는 이런 불편함을 해결하고자 연구를 시작했을 거야.

3단 접이식 우산은 휴대성을 위해 크기를 줄이고자 분할이라는 원리를 이용했어. 살대 부분을 3개로 분할한 뒤 서로 접힐 수 있게 하고, 손잡이와 우산을 연결하는 지지대는 내부에 중첩될 수 있도록 만들어 길이를 조절할 수 있게 했지. 그 결과 3분의 1의 크기로 줄여 가방에 쏙 넣을 수 있게 휴대성을 높이는 효과를 가져왔어. 이렇듯 원래의 발명품에서 불편함을 개선해 또 다른 발명을 하는 것을 개량 발명이라고 해. 즉, 우산 자체는 이미 존재하는 발명품이지만 기술을 접목해 휴대성이란 새로운 효과를 가져왔으므로 또 다른 발명이라 말할 수 있는 거지.

④ 아이디어 빌리기 기법

자연에 존재하는 동물이나 식물에서 아이디어를 떠올리거나 다른 발명품에서 영감을 얻어 새로운 것을 발명하는 기법을 말해. 날아다니는 새의 날개를 보고 만든 행글라이더, 오리의 물갈퀴를 보고 만든 다이버용 오리발이 이 기법을 적용한 발명품들이지.

아이디어 빌리기 기법을 이용한 발명
✦ 아기 비데 클리어잭 ✦

기저귀를 착용하는 아기들이 응가를 하면 엉덩이를 깨끗하게 씻어 줘야 해. 물티슈보다 물로 씻는 게 더 깨끗하거든. 하지만 아기들은 혼자서 잘 서지 못하잖아? 그래서 엄마는 한 손으로 아기를 꼭 안은 채로 씻어 줘야 하는데, 나머지 한 손만 사용해 샤워기로 씻기는 게 생각보다 쉽지가 않아. 아마도 발명가는 비슷한 경험을 통해 불편함을 느껴 제품을 구상하게 되었을 거야. 그리고 우연히 공원 같은 곳에서 자주 볼 수 있는 음수대에서 아이디어를 떠올리게 되었지.

　버튼을 누르면 물줄기가 위로 솟구쳐 올라 편하게 물을 마실 수 있는 음수대를 본 적 있지? 아기 비데 클리어잭은 세면대에 달린 수도꼭지 부분에 장착해서 그것처럼 사용하게 되어 있어.

평소에는 일반 수도꼭지처럼 사용하다가 아기 엉덩이를 씻을 때만 정면의 버튼을 누르면 측면에 있는 별도의 수도꼭지에서 물줄기가 위로 거꾸로 솟아오르게 되는 거지. 결과적으로 엄마는 아기를 안정적으로 안은 채 편안하게 엉덩이를 깨끗이 씻어 줄 수 있는 거야. 단순하지만 정말 기발하고 멋진 발명품이 아닌가 싶어.

❺ 모양 바꾸기 기법

기존의 발명품에서 모양, 형태, 색깔 등을 바꾸어 새로운 형태로 만드는 기법을 말해. 일자형 빨대를 변형시켜 편리하게 내용물을 흡입할 수 있게 만든 휘어지는 빨대, 환부에 바르기 쉽게 개선한 입구가 구부러진 물파스, 기존 고무장갑의 미끄럼을 개선한 돌기가 달린 고무장갑 등이 해당하지.

모양 바꾸기 기법을 이용한 발명
✦ 구부러지는 빨대 ✦

음료를 간편하게 섭취할 수 있도록 도와주는 빨대는 일상생활에서 아주 다양하게 활용되고 있어. 빨대의 구조는 매우 단순해. 내부가 비어 있는 원형의 긴 막대 형태라서 입으로 음료를 빨아들이면 액체가 이동하는 원리지.

그런데 이러한 일자 모양의 빨대는 약간의 불편함을 가지고 있어. 바로, 사용자가 수직 각도에서 사용해야 한다는 점이야. 구부러지는 빨대는 이러한 단점을 개선한 발명품으로서 빨대의 특정 부분을 형태 변형이 자유롭도록 겹겹이 접히는 모양으로 만든 것이 특징이야. 그 결과 자유롭게 빨대의 모양을 변형시킬 수 있기 때문에 사용자는 원하는 위치에서 음료를 쉽게 섭취할 수 있지.

이처럼 단순한 변형이 무슨 발명이냐고 말할지도 모르지만, 어떠한 기술로 인해 이전보다 더욱 편리함을 가져왔다면 그것 또한 발명이야. 모양만 조금 바꿨을 뿐인데 발명이 될 수 있다니 정말 놀랍지?

❻ 용도 바꾸기 기법

현재 사용하고 있는 물건의 용도를 다른 용도로 바꿔 발명하는 기법을 말해. 헤어드라이기의 용도를 변경해 만든 신발 드라이기, 선풍기를 용도 변경해 만든 패러글라이딩 추진체, 주전자의 용도를 변경해 만든 물뿌리개가 이 경우에 속하지.

용도 바꾸기 기법을 이용한 발명
✦ 음식물 밀폐 홀더 ✦

음식물 밀폐 홀더는 자석의 용도를 변경해 만든 발명품이야. 음식물 쓰레기 밀폐 홀더는 2개의 고무 자석 사이에 비닐봉지를 끼워 장착하는 형태로 되어 있어서 구조가 매우 단순해. 즉, 입구를 벌려 음식물 쓰레기를 넣은 후에 고무 자석을 서로 붙이면 봉지를 묶었다 풀었다 하지 않아도 되니까 편하게 음식물 쓰레기를 모을 수 있고, 냄새 차단에도 도움이 되지. 가격도 저렴해서 주부들에게 인기가 좋아. 이렇듯 우리가 평소에 사용하던 물건을 사용하는 목적에 따라 용도를 바꿔 본다면 훌륭한 발명품으로 재탄생할 수 있어. 발명, 생각보다 어렵지 않지?

❼ 반대로 생각하기 기법

모양, 수, 크기, 방향, 성질 등 무엇이든 반대로 생각해 발명하는 기법을 말해. 내용물을 말끔히 사용할 수 있도록 뚜껑을 아래쪽으로 만든 화장품 용기나 환자의 옷을 벗기기 쉽도록 만든 단추가 뒤에 달린 옷, 양말을 개선해 만든 벙어리장갑 등이 여기에 해당하지.

반대로 기법을 이용한 발명
✦ 거꾸로 우산 ✦

거꾸로 우산의 가장 큰 특징은 우산을 접으면 내부에 안 젖은 부분이 바깥쪽에 위치하기 때문에 들고 다닐 때 사용자에게 빗물이 묻지 않는다는 점이야.

아마도 누구나 한 번쯤은 우산을 사용하면서 이러한 불편함을 느껴 봤을 거야. 애써 비를 피해 쓰고 다니다가 우산을 접었는데, 우산 표면에 묻은 빗물 때문에 옷이 젖거나 고생해 본 경험 말이야. 특히 지하철 등 사람이 많은 곳에서는 다른 사람에게 피해를 주지 않을까 더욱 신경 쓰이게 되지. 발명가 역시 이런 불편함에서 거꾸로 우산을 구상하게 되었을 거야.

거꾸로 우산은 이중으로 만든 우산 천과 반대로 접히게 되는 살대를 이용해 우산이 접힐 시 젖은 바깥쪽이 자연스럽게 내부로 위치하고 젖지 않은 내부가 바깥쪽을 감싸게 되는 구조로 되어 있어. 비에 젖지 않은 내부를 외부에 위치시킨다는 역발상이 가져온 멋진 발명품이 아닐까 생각해. 안 써 본 사람은 있어도 한 번만 써 본 사람은 없다는 거꾸로 우산이 얼마나 편리할지 궁금하지 않니?

❽ 소재 바꾸기 기법

기존의 물건에서 소재를 바꿔 새로운 발명품을 만드는 기법을 말해. 유리잔의 단점을 개선한 일회용 종이컵, 나무나 플라스틱으로 만들었던 이쑤시개를 녹말로 소재를 바꿔 만든 경우가 해당되지.

소재 바꾸기 기법을 이용한 발명
✦ 알알이 쏙 ✦

평범한 주부의 아이디어에서 탄생한 알알이 쏙은 요리 후 남은 음식 재료를 효과적으로 보관할 수 있는 아주 실용적인 발명품이야. 알알이 쏙의 외형은 얼음을 얼릴 때 쓰는 얼음 트레이와 매우 비슷하게 생겼어. 때문에 '대체 이게 무슨 발명이고 어떻게 특허까지 받은 거지?'라고 의아할 수도 있을 거야.

그 비밀은 바로 제품을 구성하고 있는 소재야. 얼음 트레이의 경우 플라스틱이 주요 소재이지만 알알이 쏙은 폴리에틸렌이라는 소재로 되어 있어. 친구들이 좋아하는 일명 쭈쭈바라 불리는 아이스크림에서 볼 수 있는 소재와 동일하지. 이미 안정성이 검증된 만큼 다른 소재에 비해 음식 재료를 안전하게 보관할 수 있을 뿐 아니라 특유의 유연성으로 인해 음식 재료가 얼어 있는 상태에서도 필요한 만큼만 쏙쏙 빼서 사용하기 쉽지.

소재를 바꿔서 발명한다는 것이 좀 낯설고 생소하겠지만, 알알이 쏙처럼 특유의 효과를 가져온다면 소재를 바꾸는 것만으로도 얼마든지 새로운 발명품이 될 수 있어.

인벤토는 좋은 아이디어가 떠오르지 않을 때면 생활용품 전문점과 같이 다양한 물건이 있는 곳을 찾아가곤 해. 그곳에 진열된 물건들을 살펴보며 머릿속에 생각하고 있는 발명 소재와 하나씩 더해 보기 위해서지. 그러다 보면 어느 순간 좋은 아이디어가 떠올라 문제를 해결하는 경우가 종종 있거든. 같은 기법이라도 무엇과 무엇을 더했는지, 또 어느 부분을 뺐는지에 따라 전혀 다른 발명품이 탄생하게 되지.

 ## 전자레인지

주방의 필수용품인 전자레인지를 발명한 사람은 미국의 퍼시 스펜서(Percy Spencer)야. 그는 미국의 군수 기업인 레이시온에서 마그네트론을 이용한 레이더 장비를 개발하는 일을 하고 있었는데, 어느 날 자석 옆에서 휴식을 취하던 중에 간식으로 먹으려고 주머니에 넣어 두었던 초콜릿 바가 녹아내린 걸 발견하게 되었어. 이를 이상하게 여긴 스펜서는 혹시나 하고 다른 재료를 가져와 비슷한 실험을 하였고, 그 결과 자석에서 방출되는 극초단파가 음식물 수분의 온도를 증가시킨다는 놀라운 사실을 발견하게 되었지. 그 원리를 이용해 지금의 전자레인지가 만들어졌어.

나일론

20세기 최고의 발명품 중 하나로 손꼽히는 나일론을 발명한 사람은 미국의 월리스 흄 캐러더스(Wallace Hume Carothers)라는 화학자야. 그는 당시 세계적인 화학 회사 듀퐁사에서 근무하며 고분자에 관한 연구를 하고 있었어. 그런데 어느 날 연구팀 동료인 줄리언 힐이 가열된 폴리에스테르를 비커에 담아 휘젓는 장난을 치다가 휘젓던 막대를 들어 올렸는데 폴리에스테르가 거미줄처럼 가늘고 비단처럼 부드러운 실처럼 되는 걸 목격하게 된 거야. 순간 자신이 연구하던 폴리아미드에도 비슷한 성질이 있지 않을까 예감한 그는 곧바로 관련 실험을 하였고, 그 결과 나일론이라는 역사에 길이 남을 발명품이 탄생했어.

발명의 친구,
특허란 뭘까?

특허가 뭐예요?

지금까지 우리는 일상에서 느낀 불편함을 바탕으로 아이디어를 떠올리고 발명하는 방법들을 배웠어. 이렇게 누군가가 노력해서 새로운 발명품을 완성했는데, 다른 사람이 똑같은 제품을 만들어 판매하면 어떻게 될까?

발명가의 노력은 한순간에 물거품이 되고 말 거야. 그렇게 된다면 앞으로는 누구도 새로운 발명을 시도하지 않을 것이고, 지금과 같은 기술의 발전을 기대하기도 힘들어질 테지. 특허는 이런 문제가 생기는 것을 방지하기 위해 생겨난 제도라 말할 수 있어. 즉, 발명가의 노력과 공로를 국가가 법으로 보호해 줌으로써 발명 의욕을 높이고 기술 발전을 독려하기 위해 존재한다고 말할 수 있지.

지식재산권이라는 큰 틀에서 볼 때 산업재산권에 속하는 특허는 발명에 대해 독점권을 갖게 되는 것을 말해. 이렇게 특허를 등록받은 발명은 해당 국가에서 오직 특허권자만이 그 발명을 실시할 수 있도록 특허법의 보호를 받게 되지.

이러한 특허는 그 속성에 따라 몇 가지의 특징을 가지고 있어. 어떤 것들이 있는지 하나씩 살펴보도록 할까?

먼저, 특허법에서 말하는 특허의 목적은 '발명을 보호, 장려함으로써 국가 산업 발전을 도모하기 위함'이라고 명시하고 있어. 여기서 '산업 발전을 도모하기 위함'이라는 부분을 잘 이해할 필요가 있는데, 특허는 출원일로부터 1년 6개월이 지나면 발명의 내용을 일반에 모두 공개하도록 되어 있어. 다시 말해 내 발명의 내용을 나만 알 수 있는 곳에 꼭꼭 숨겨 놓으면 특허를 받을 수 없다는 뜻이야.

특허는 발명가의 아이디어를 보호해 주는 제도라고 했는데 왜 반드시 공개해야 한다는 걸까? 그 이유는 바로 앞에서 설명한 산업 발전에 기여하기 위한 특허의 목적 때문이야. 즉, 새로운 기술을 공개하고 공유함으로써 더 나은 기술이 발전할 수 있는 기반을 조성하기 위해서지. 결론적으로 특허란 기술을 공개하는 대가로 발명가에게 일정 기간 동안 독점권을 부여해 주는 제도라고 말할 수 있어.

또한 특허는 해당 국가에서만 권리를 행사할 수 있는데, 이것을 속지주의라고 해. 쉽게 말해 우리나라에서 특허를 등록하면 대한민국에서만 특허의 독점권을 갖게 되고, 다른 나라에서는 그 권리를 주장할 수 없다는 말이야. 이러한 속지주의는 다른 나라들 역시 마찬가지야. 자국에서만 그 권리를 인정받을 수 있

어. 그래서 만약 다른 나라에서도 특허의 권리를 행사하기 원한 다면 국가마다 별도로 특허 등록 절차를 진행해야 해. 그렇게 특허 등록이 되었을 때 비로소 '미국 특허 획득', '영국 특허 획득'이라는 표현을 쓰고, 실제로 해당 나라 특허법의 보호를 받을 수 있는 거지.

"어? 저는 광고에서 어떤 제품이 국제 특허를 받았다는 걸 본

적 있는데 이건 뭐죠?" 하고 궁금해 하는 사람이 분명 있을 거야. 이때 말하는 국제 특허란 'PCT국제출원제도'를 통해 국제적으로 특허를 출원했다는 의미야. 이것은 해외 특허를 좀 더 쉽게 출원할 수 있도록 국제적으로 맺은 협약이라고 이해하면 돼. 즉, 우리나라에서 특허를 출원할 때 이 제도를 이용해 원하는 국가를 지정하면 해당 국가에서도 국내 출원일과 같은 날짜에 특허를 출원한 것으로 인정해 준다는 것이 핵심 내용이야.

그런데 이는 특허를 출원하는 것에 불과하므로 어떤 권리가 발생하는 건 아니라는 점을 반드시 이해할 필요가 있어. 다음 장에서 자세히 설명하겠지만 특허에서 출원과 등록은 매우 큰 차이가 있거든. 이후 국가별로 특허 등록 절차를 거쳐서 최종적으로 등록 결정을 받았을 때 비로소 진짜 특허의 권리가 발생하게 되는 거야. 그러므로 국제 특허는 우리가 생각하는 것처럼 전 세계에 다 통하는 만능 특허증과는 거리가 멀다고 말할 수 있지.

또한, 특허는 선출원주의라는 것을 채택하고 있어. 선출원주의란 발명의 내용을 기재한 서류를 특허청에 먼저 제출한 사람에게 특허의 권리를 주겠다는 의미야. 특허 권리 부여 방식은 선발명주의와 선출원주의로 나눌 수 있는데, 선발명주의는 먼저 발명한 사람에게 권리를 주는 것을 말하고, 선출원주의는 특

| 특허가 등록되는 과정 |

허청에 먼저 신청함으로써 사회의 이익에 기여한 사람에게 권리를 주는 방식을 말해. 사실 특허가 발명가에게 일정한 권리를 부여해 준다는 측면에서 본다면 선발명주의가 합리적이겠지만, 이러한 과정에서 다양한 문제들이 발생하게 되면서 결국 200년간 선발명주의를 고수해 왔던 미국을 마지막으로 현재 전 세계 모든 국가가 선출원주의를 채택하고 있어.

마지막으로, 특허는 존속 기간이라는 것이 존재해. 쉽게 말해 기간이 정해져 있다는 거야. 특허를 등록받았다고 해서 그 권리가 영원히 지속되는 게 아니라 발명가에게 일정 기간 동안만 독점권을 주고, 이 기간이 지나면 특허의 권리가 자동으로 소멸되지. 특허 출원일로부터 20년까지를 존속 기간으로 정하고 있어. 권리가 소멸된 특허는 어떻게 되냐고? 그때부터는 누구의 소유도 아닌 산업 발전을 위해 사용할 수 있는 모두의 공동 기술이 되는 거야.

특허 출원과 특허 등록은 같을까, 다를까?

친구들도 특허 출원이라는 말을 들어본 적이 있을 거야. 특허를 출원했다는 말을 들으면 사람들은 '해당 제품은 특허를 받은 제품이구나'라고 생각할 거야. 그런데 특허 출원은 우리가 생각하는 것처럼 온전한 특허가 아니라는 사실을 알고 있니?

특허는 특허 출원과 특허 등록으로 구분할 수 있는데, 특허 출원이란 특허 심사를 받기 위해 발명의 내용을 기재한 특허 명세서라는 문서를 특허청에 제출하는 것 그 자체를 말해. 그러면 제출된 서류를 바탕으로 해당 발명이 특허성을 갖추었는지 특허청의 심사를 받게 되고, 그 결과 최종적으로 합격 판정을 받았을 때 비로소 특허 등록이라는 표현을 쓰게 되는 거야.

좀 더 쉽게 설명해 볼게. 학교에서 시험을 보게 되면 문제를 푼 후에 채점을 위해 선생님께 답안지를 제출할 거야. 이렇게 답안지를 작성해서 제출하는 행위가 특허 출원에 해당하는 것이고, 제출된 답안지를 채점한 결과 합격 점수를 받아 최종적으로 합격한 경우가 특허 등록에 해당한다고 볼 수 있어. 출원과 등록의 차이점이 무엇인지 이제 쉽게 이해가 되지?

이렇듯 특허 출원은 아직 등록 결정을 받지 못한 상태이기 때문에 특허의 핵심적 권리인 독점권을 가지고 있지 않아. 이에 반해 특허 등록은 심사를 거쳐 국가로부터 독점권을 부여받은 상태이므로 해당 발명은 오직 특허권자만 실시할 수 있도록 특허법의 보호를 받게 되지. 결론적으로 특허 출원과 특허 등록의 가장 큰 차이점은 독점권을 행사할 수 있느냐 없느냐의 차이라고 말할 수 있어.

그렇다면 특허 출원과 특허 등록을 어떻게 구분할 수 있을까? 특허를 출원하거나 등록을 받게 되면 특허청으로부터 일정한 번호를 부여받게 되는데, 이 번호가 가지는 의미를 이해하면 쉽게 구분할 수 있어.

각각의 번호가 뜻하는 의미를 살펴보면 먼저 '10-'은 산업재산권의 종류를 나타내는 것으로서 '10-'으로 시작하면 특허를 뜻하는 것이고, '20-'은 실용신안, '30-'은 디자인권, '40-'은 상표권을 뜻해. 그 다음으로 2022는 해당 특허를 출원한 연도를 의미하며 1234567은 특허청에서 부여한 각각의 일련번호를 뜻하는 거야.

여기서 특허 출원과 특허 등록을 가장 직관적으로 구분할 수 있는 매우 쉬운 방법이 있는데, 바로 중간에 출원 연도의 유무를 살펴보는 거야. 특허 번호에 출원 연도가 포함되어 있으면 이것은 특허 출원 번호를 나타내는 것이고, 만약 연도가 포함되어 있지 않다면 특허 등록 번호를 뜻하는 거야. 아주 간단하지?

특허 출원 번호와 특허 등록 번호를 구분하는 방법
- 특허 출원 번호: 10-2022-1234567 (출원 연도 표시 O)
- 특허 등록 번호: 10-1234567 (출원 연도 표시 X)

특허에 있어 출원과 등록의 차이점을 이해했으니 다음으로 발명자, 특허 출원인, 특허권자의 차이도 알아보도록 할까?

발명자란 해당 발명품을 실제로 발명한 사람을 말해. 발명자는 혼자일 수도 있고 다수일 수도 있는데, 혼자 발명한 경우엔 단독 발명이라고 하고 다수가 함께 발명한 경우엔 공동 발명이라고 해. 그리고 특허 출원인이란 특허에 필요한 서류를 갖춰 특허청에 특허를 출원한 사람을 뜻하고, 특허권자란 해당 특허가 가지는 실질적 권리를 가진 사람을 뜻해.

예를 들어서 좀 더 이해하기 쉽게 설명해 줄게. 인벤토가 새로운 기능을 갖춘 스마트폰 케이스를 발명하고 김민재라는 사람이 특허청에 특허 출원을 해서 특허를 등록받게 되었다면, 발명자는 인벤토가 되는 것이고 특허 출원인은 김민재, 그리고 특허권자 역시 김민재가 되는 거야.

그런데 만약 특허권자인 김민재가 등록받은 특허를 발명전자라는 회사에 100억 원을 받고 팔면 어떻게 될까? 이런 경우엔 발명자는 그대로 인벤토로 유지되고 특허권자만 발명전자로 바뀌게 돼. 그 이유는 발명자는 성명권이라는 것을 가지기 때문에 특허권자가 변경되더라도 발명자의 이름은 절대 바뀌지 않아.

그렇다면 이때 특허를 판매한 돈은 과연 누구의 소유가 될까? 발명자, 특허 출원인, 특허권자 모두가 특허를 받는 과정에서 일정 부분씩 함께 기여한 부분이 있으니까 셋이서 사이좋게 나눠 갖는 걸까, 아니면 한 사람만 그 돈을 갖는 걸까?

정답은 바로, 특허권자인 김민재야. 그 이유는 특허권에 대한 모든 권리는 100퍼센트 특허권자에게 있기 때문이지. 특허권자인 김민재는 특허권을 판매해서 얻은 금액 100억 원을 갖게 되는 것이고, 발명전자는 특허권의 새로운 주인이 되는 거야. 이렇게 특허의 주인이 바뀌게 되면 이후로는 해당 특허를 이용해 물건을 생산할 권리도, 또 다른 사람이 특허 기술을 이용해 물건을 생산할 수 있도록 허락해 줌으로써 얻는 로열티 수입도 발명전자가 갖게 돼.

특허로 돈을 버는
네 가지 방법은?

만약 멋진 발명을 해 특허를 등록받게 된다면 짐작건대 주변에
서 가장 많이 듣게 되는 말이 "그럼 얼마 받는데?"라는 질문일
거야. 이처럼 특허를 등록받게 되면 특허청에서 돈이 나오는 줄
로 오해하는 사람들이 많은데, 이것은 특허라는 제도를 잘못 이
해하고 있어서 하는 질문이야.

특허는 내가 발명한 기술을 공개하는 대가로 일정 기간 동안

독점권을 갖는다는 의미이지, 그 자체가 돈이 되는 건 아니야. 특허가 돈이 되려면 특허 기술을 이용해 제품으로 생산하거나 서비스 형태로 활용돼야 비로소 경제적 수익이 발생해. 그럼 어떤 방법들이 있는지 지금부터 하나씩 알아보도록 할까?

첫 번째로 직접 실시를 통해 수익을 내는 방법이야. 이는 자신의 특허를 바탕으로 직접 사업화를 해서 수익을 창출하는 방법으로, 가장 큰 수익성을 기대할 수 있어. 〈2015년 생활발명코리아 발명대회〉에서 대통령상을 수상한 '이동식 분리수거함'의 경우 특허의 동생인 실용신안 등록 후 '오니해'라는 사명으로 창업에 성공해 평범한 주부에서 억대 연봉 CEO가 된 사례가 그 좋은 예일 거야.

과거에는 물건을 생산하기 위해 공장을 세우고 제품 생산에 필요한 장비를 구입해야 하는 등 초기 비용이 많이 들었지만, 지금은 주문받은 물건만 전문적으로 생산해 주는 기업(OEM 업체)이 있어서 지식재산권만 잘 확보한다면 창업 비용을 많이 절감할 수 있어. 이렇게 물건을 주문 생산해 판매한다면 직접 수익을 얻을 수 있지.

하지만 특허를 바탕으로 사업을 시작하기 전에 반드시 알아 둬야 할 점이 있는데 바로 특허가 사업의 성공까지는 보장해 주지 않는다는 거야. 다시 말해 특허를 등록받았기 때문에 무조건 대박이 날 것이라는 맹목적인 믿음은 잘못된 생각이라는 뜻이야. 특허는 독점권을 가지기 때문에 안정적인 사업의 토대를 마련해 줄 수는 있지만, 사업은 이와는 별도로 시장성, 경험, 자본

력, 마케팅, 유통망 등 다양한 요소들이 유기적으로 결합해 성패를 좌우하기 때문이야. 실제로 준비가 부족한 상태에서 특허 하나만 믿고 무작정 사업을 진행했다가 어려움에 빠지는 경우를 꽤 볼 수 있거든.

두 번째는 양도를 통해 수익을 내는 방법이야. 양도란 특허의 권리자를 변경하는 것으로서 다른 사람에게 판매한다는 뜻이지. 특허는 자유롭게 사고팔 수 있는 무형의 재산권이기 때문에 가격만 잘 받는다면 직접 사업을 이끌어가는 것에 따른 위험 부담 없이 발명의 대가를 보상받을 수 있는 좋은 방법이 될 수 있어. 양도는 무상 양도와 유상 양도로 나눌 수 있는데, 무상 양도란 대가를 받지 않고 권리를 이전하는 것을 말하고 유상 양도는 일정한 대가를 받고 권리를 이전하는 것을 말해.

그렇다면 이렇게 판매되는 특허의 가격은 얼마나 될까? 사실, 특허에 정해진 가격이란 건 없어. 시장성을 바탕으로 파는 사람과 사는 사람이 적절한 합의를 통해 가격을 결정하는 거지.

세 번째는 실시권을 통해 수익을 내는 방법이야. 흔히 라이선스를 체결한다거나 로열티를 받는다고 표현하기도 하지. 실시권이란 특허의 권리자는 변경되지 않은 상태에서 다른 사람이 나의 특허를 이용해 물건을 생산할 수 있도록 허락해 주는 것을 말해. 실시권은 크게 전용 실시권과 통상 실시권으로 나눌 수 있는데, 전용 실시권이란 어느 한 기업만 특허를 독점적으로 사용할 수 있도록 실시권을 주는 것을 말하고, 통상 실시권은 다수의 기업이 특허를 사용할 수 있는 형태로 실시권을 주는 것을 말해.

실시권에 따른 로열티 지급 방식은 일반적으로 일시불, 분기별, 월별, 또는 판매량에 따라 지급하는 방법 등이 있어. 예를 들어 인벤토가 가지고 있는 특허를 발명전자와 라이선스 계약을 체결한다면 계약 조건에 따라 일시불로 1억 원을 받을 수도 있고, 3개월마다 2500만 원씩 받을 수도 있고, 매달 1000만 원씩 받는다든지 또는 물건이 하나 팔릴 때마다 판매 금액의 5퍼센트를 받는 등의 다양한 방식으로 라이선스 계약을 체결할 수 있다는 말이야.

네 번째는 일반적이진 않지만 특허 침해를 당했을 경우 특허 침해 소송을 통해 수익을 내는 방법이야. 알다시피 특허는 독점권을 가지기 때문에 특허권자 외에는 그 기술을 함부로 사용할 수 없어. 만약 누군가 무단으로 특허 기술을 이용해 경제적 이익을 얻었다면 이는 특허권 침해가 되는 것이고, 이런 경우 특허권자는 손해 배상 청구와 같은 법적 조치를 취할 수 있지. 즉,

내 특허를 무단으로 사용해 돈을 벌었으니 그에 합당한 금액을 보상해 달라고 상대방에게 요구하는 거야.

우리나라에서는 아직 생소하겠지만 특허 선진국인 미국에는 '비실시기업(NPE)'이라는 것이 있어. NPE란 개인이나 기업 등에서 특허를 매수한 후 제품 생산에는 활용하지 않으면서 관련 기업이 보유 중인 특허를 침해할 경우 소송을 통해 수익을 올리는 특허 소송 전문회사를 말해. 머지않아 우리나라에서도 이러한 기업을 만나 볼 수 있지 않을까 생각해.

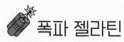

🧨 폭파 젤라틴

다이너마이트 하면 떠오르는 유명한 사람이 있지? 바로 노벨상을 제창한 스웨덴의 화학자이자 공업 기술자 알프레드 노벨(Alfred Bernhard Nobel)이야. 이전보다 강한 폭약을 만들기 위해 연구에 몰두하던 노벨은 어느 날 실수로 손가락을 베이고 말았어. 연구를 위해 당시 액체 반창고로 사용하던 콜로디온 용액을 바르고 실험을 계속했는데, 화약의 원료인 니트로글리세린이 콜로디온 용액과 결합해 용해되면서 모양이 변하는 것을 우연히 발견했지. 이를 계기로 노벨은 다이너마이트보다 3배의 폭발력을 가진 '폭파 젤라틴'이라는 폭약을 발명하게 되었어. 실제로 노벨에게 많은 부와 명예를 안겨 준 발명품은 다이너마이트가 아닌 이 폭파 젤라틴이었다고 해.

🛞 합성 고무

자동차 타이어 등 우리 일상에서 흔히 사용되는 합성 고무를 발명한 사람은 미국의 발명가 찰스 굿이어(Charles Goodyear)야. 고무나무의 수액을 모아서 만드는 천연 고무는 냄새가 많이 나고 쉽게 녹아내리는 특성 때문에 실생활에 사용하기 힘든 단점이 있었는데, 고무를 연구하던 굿이어는 어느 날 난로 위에 끓이고 있던 황에 고무 덩어리를 떨어뜨리는 실수를 했어. 그런데 놀랍게도 고무의 성능이 크게 향상되는 것을 발견하게 되었지. 이를 계기로 지금의 고무 가공법인 '고무 가황법'을 발명하게 된 거야. 훗날 과학계는 이날의 실수를 '역사상 가장 축복받은 사고'라고 불렀다고 해.

코카콜라

탄산음료의 대명사인 코카콜라를 처음 발명한 사람은 미국의 존 펨버튼(John Pemberton)이라는 약사야. 정식으로 의학을 배우진 않았지만 다양한 재료를 혼합해 약품을 만드는 재주가 뛰어났던 그는 어느 날 코카나무 추출물과 콜라나무 열매의 향, 알코올을 약간씩 섞어 자양강장제인 '프렌치 와인 코카'라는 약을 만들게 되었어. 그런데 기대했던 것과는 다르게 예상외로 너무 독해서 사람들이 잘 마시지 못하자 알코올 대신 물을 섞으려다 실수로 탄산을 섞고 말았어. 그런데 그 맛이 오히려 환상적이었던 거야. 130년이 지난 지금까지도 전 세계인이 가장 즐겨 마시는 음료인 코카콜라는 이렇듯 한 사람의 우연한 실수에서 탄생했어.

발명은 어떻게
특허가 될까?

발명이 특허가 되려면 심사 절차는?

발명은 어떤 과정을 거쳐 특허를 받게 되는 걸까? 특허를 등록

받기 위해서는 먼저 발명의 내용을 상세히 기재한 특허 명세서

라는 문서를 작성하게 돼. 특허 명세서는 본인이 직접 작성해 온

라인으로 제출하는 방법도 있지만, 일정한 서식을 갖춰야 하고

또 작성하는 방법에 있어 전문성이 요구되기 때문에 변리사라는

전문가의 도움을 받아 작성하는 것이 일반적이야.

변리사란 특허를 받는 과정에서 발명가의 대리인이 되어 주는 지식재산권 전문가를 말해. 발명가로부터 권리를 위임받아 특허 출원에서 등록까지의 모든 서류 작성과 행정 절차를 도와주는 발명가의 좋은 친구라 말할 수 있지.

이렇게 작성한 특허 명세서를 기초로 특허 출원을 하게 되면 이후 특허청의 엄격한 심사 절차를 거치게 돼. 출원 서류를 접수한 특허청에서는 제출된 서류에 오류가 없는지 그 형식을 심사하게 되는데, 이것을 방식 심사(1차 심사)라고 해. 예를 들어 첨부해야 할 도면이 첨부되지 않았거나 발명자의 이름이나 주소가 기재되지 않았는지를 살펴보는 과정이라고 이해하면 돼. 방식 심사 다음으로 발명의 내용을 심사하는 과정을 거치게 되는데 이것을 실체 심사(2차 심사)라고 하지. 바로 이 실체 심사가 우리가 아는 진짜 특허 심사라고 생각하면 돼. 실체 심사에서는 선행 기술을 바탕으로 이전에 동일 또는 유사한 발명은 없었는지, 또한 산업에 이용이 가능한 발명인지를 살펴보게 되지.

앞에서 설명했듯 특허는 발명가의 아이디어를 보호하는 목적도 있지만 동시에 기술 공개를 유도함으로써 산업 발전을 도모하는 목적을 가지기 때문에 등록 유무와 관계없이 출원일로부터 1년 6개월 후에는 그 내용이 일반에 공개돼. 이때 공개되는 문서를 공개 특허 공보라고 하며 특허 정보 사이트인 '키프리스'를 통해 누구나 그 내용을 살펴볼 수 있도록 하고 있어.

한편 심사 기준을 모두 충족해 실체 심사를 통과한 경우 심사관은 최종적으로 특허 등록 결정을 내리게 되고, 등록 절차를 거치면 발명가는 비로소 특허가 가지는 독점권을 행사할 수 있게 되는 거야. 이렇게 특허 등록 후 최종적으로 공개되는 문서를 등록 특허 공보라고 해. 앞서 말한 공개 특허 공보와는 내용 면에서 크게 다르진 않지만, 특허에서 가장 중요한 부분인 청구항이라는 항목이 달라질 수 있어. 여기서 말하는 청구항이란 특허의 가장 핵심적인 항목으로서 발명가가 해당 발명에 있어 "이러한 독점적 권리를 저에게 주세요"라고 특허청에 요청하는 항목을 말하지.

하지만 모든 발명이 특허를 등록받게 되는 건 아니야. 일부는 심사 과정에서 거절 결정을 받을 수 있거든. 실제로 특허의 평균 등록률은 60~70퍼센트 정도로 알려져 있어.

그러면 심사 과정에서 이전에 동일하거나 또는 비슷한 발명품이 이미 존재하는 등의 특허 거절 사유가 발견되었을 때, 해당 특허는 바로 거절 결정을 통보받게 되는 걸까? 아니, 그렇지는 않아. 이런 경우에 심사관은 특허가 등록받기 힘든 구체적인 사유를 기재한 문서를 출원인에게 보내 주고 보정을 거쳐 다시 한번 심사받을 기회를 주는데, 이때 특허의 거절 사유를 기재해 출원인에게 보내 주는 문서를 의견 제출 통지서라고 해. 즉, 어떤 이유로 인해 특허 등록이 어려우니 해당 내용을 참고해 보정한 후에 거절 사유가 해소된다면 특허를 등록받을 수 있다는 일종의 안내문 같은 거지.

사실 의견 제출 통지서는 특허 출원 과정에서 대부분이 한 번은 받게 되는 매우 흔한 절차라고 말할 수 있어. 물론 처음 받게 되면 조금 당황스럽겠지만, 의견 제출 통지서가 가지는 의미를 잘 이해하고 적절히 대응한다면 특허를 등록받을 기회는 충분히 남아 있으니 너무 걱정할 필요 없어.

이후 출원인은 통보받은 의견 제출 통지서에 대해 '의견서'와 '보정서'라는 두 가지 문서로 대응하면 돼. 여기서 의견서란 심사관이 제기한 거절 사유에 대해 출원인의 의견을 작성해서 제출하는 문서를 말하고, 보정서란 거절 사유에 해당하는 청구항의 일부를 수정 또는 보완해서 제출하는 문서를 말하지. 이렇게 출원인이 제출한 의견서와 보정서를 참고해서 심사관은 거절 사유가 해소되었는지를 다시 심사하게 되고, 최종적으로 특허의 등록 또는 거절한다는 특허 결정을 내리게 되는 거야.

이러한 특허의 심사 기간은 빠르면 1년에서 오래 걸리면 2년 이상이 소요되기도 해. 우리나라는 특허 출원 건수가 전 세계에서 네 번째로 많은 국가에 해당하거든. 특허청의 심사 시스템은 다른 나라에서 배워 갈 만큼 잘 갖춰져 있지만 출원 건수가 워낙 많다 보니 오래 걸릴 수밖에 없는 구조인 거지.

어떤 발명품이
특허를 받는 걸까?

모든 발명이 다 특허를 받을 수 있는 건 아니야. 특허는 심사를 거쳐 특허성을 갖춘 발명만이 등록 결정을 받을 수 있어. 지금부터 특허 심사에서는 어떤 부분을 살펴보는지 특허의 필수 요소에 대해 알아볼게.

발명이 특허를 등록받기 위해서는 산업상 이용 가능성, 신규성, 진보성이라는 요건을 충족해야 하는데 이를 특허의 3요소라고 해.

특허의 첫 번째 요소인 산업상 이용 가능성이란 내 발명이 산업에 이용될 수 있는 형태의 발명이어야 한다는 거야. 하지만 우리가 일상에서 불편함을 느껴 생각해 낸 대부분의 아이디어는 산업상 이용이 가능한 것들이기 때문에 이 이유 때문에 심사에서 거절되는 경우는 매우 드물어.

산업상 이용이 불가능한 발명의 예로는 실시가 불가능한 발명(예: 에너지 공급 없이 영원히 운동하며 일을 하는 가상의 기계 장치인 영구기관)이나 현실적으로 실시할 수 없는 것이 명백한 발명(예: 오존층 감소에 따른 자외선 증가를 방지하기 위해 지구 표면 전체를 필름으로 코팅하는 발명품) 같은 경우를 들 수 있어.

특허의 두 번째 요소인 신규성이란 내 발명이 이전에 존재하지 않았던 새로운 것이어야 한다는 거야. 만약 특허 출원일 전에 동일한 발명이 존재한다면 신규성 상실의 이유로 특허를 등록받을 수 없어. 그러므로 아이디어를 구상하는 단계부터 똑같은 발명이 이미 있는 건 아닌지 잘 살펴볼 필요가 있어. 내가 한 발명이 이미 누군가에 의해 만들어져 있다면 그동안의 노력이 모두 물거품이 될 수 있으니까.

또 한 가지 신규성 관련해서 반드시 알아야 할 부분이 있는

데, 바로 특허 출원 전에 그 내용이 외부에 공개되지 않도록 주의해야 한다는 거야. 그 이유는 아무리 내가 한 발명이라도 특허 출원일 전에 공개해 버리면 이 역시 특허법에서는 신규성이 상실된 것으로 판단하기 때문이야.

특허의 세 번째 요소인 진보성이란 기존에 나와 똑같은 발명이 존재하지는 않지만 이미 알려진 기술들을 조합하면 보통의 기술자가 얼마든지 쉽게 만들 수 있는 수준의 발명을 뜻해. 다시 말해 진보성은 이전에 존재하는 기술에 비해 얼마나 많은 발전을 가져왔는지를 판단하는 것이라고 말할 수 있어. 사실 앞서 설명한 산업상 이용 가능성이나 신규성은 특허의 거절 사유에서 그다지 많은 비중을 차지하지는 않아. 심사에서 특허가 거절되는 대부분의 이유가 이 진보성 때문이라 말할 수 있어.

진보성에 대해 좀 더 쉽게 이해해 볼까? 인벤토가 회전식 의자를 발명했다고 가정해 볼게. 이 회전식 의자는 이전에 똑같은 기능을 가진 의자가 존재하지 않는 새로운 발명품이야. 그러므로 신규성에는 문제가 없다고 말할 수 있어. 그런데 이 발명을 구성하고 있는 A부분이 20년 전 미국의 존슨이라는 사람이 발명했던 기술과 비슷하고, B부분은 10년 전 프랑스의 레옹이라는 사람의 발명과 닮았으며, C부분은 5년 전 대한민국의 김한

솔이라는 사람이 발명한 기술과 비슷한 거야. 이렇듯 이미 알려

진 각각의 기술들을 조합해 보통의 기술자가 어렵지 않게 생각

해서 만들 수 있는 발명을 '진보성이 없는 발명'이라고 설명할

수 있어. 물론 발명가는 억울할 수도 있을 거야. 발명하면서 이런 기술이 이미 있었는지도 몰랐고, 이전 기술을 참고해서 발명한 게 아니라면 말이야. 하지만 특허 심사에서는 발명가가 이전 기술을 참고했느냐 안 했느냐를 보고 판단하는 것이 아니라, 이전에 유사한 기술이 이미 있느냐 없느냐를 기준으로 판단할 뿐이야.

이렇듯 특허 출원일 전에 동일 또는 유사한 발명이 있다면 특허를 등록받을 수 없기 때문에 특허 출원에 앞서 관련 기술을 조사하는 과정을 거치게 되는데, 이러한 과정을 '선행기술 조사'라고 해. 이러한 선행기술 조사 범위는 국내뿐 아니라 국외까지 포함하며, 과거부터 현재까지를 모두 포함해. 그리고 특허뿐 아니라 누구나 볼 수 있는 매체들, 즉 인터넷, 책, 간행물, 논문 등의 모든 정보도 조사 대상이 될 수 있어. 그리고 이러한 조사의 기준은 신규성과 진보성 모두 동일하게 적용된다는 점도 기억해 두면 좋겠지.

특허청에서는 이러한 선행기술 조사를 일반인도 쉽게 할 수 있도록 '키프리스'라는 관련 프로그램을 무료로 제공해 주고 있어. 키프리스는 국내뿐 아니라 미국, 일본, 중국 등 주요 국가의 선행 자료도 검색해 볼 수 있도록 많은 정보를 포함하고 있지.

여기에 더해 특허의 동생 격인 실용신안이나 물건의 외형에 대한 권리인 디자인권, 그리고 물건 브랜드에 해당하는 상표권 등 다른 산업재산권도 검색이 가능하니까 필요에 따라서 유용하게 활용할 수 있어.

시제품이 없어도
특허를 받을 수 있다고?

누구나 가끔은 좋은 아이디어가 떠오를 때가 있을 거야. 하지만 아쉽게도 대부분 다음 단계로 진행되지 못하고 생각으로만 그치게 되지. 그 이유는 발명을 너무 어렵게 생각하거나 특허 내는 방법을 잘 몰라서이기도 하지만, 특허를 낼 때 만들어야 하는 시제품에 대한 부담감 때문이기도 할 거야.

여기서 문제를 하나 낼게. 특허를 받으려면 반드시 시제품을 만들어 특허청에 제출해야 할까? 아니, 특허를 내는 데 시제품은 전혀 필요하지 않아. 특허는 출원에서 등록까지의 모든 과정이 100퍼센트 서류 심사로만 이뤄지거든. 이는 디자인권이나 상표권 등 다른 산업재산권들 역시 마찬가지야.

그렇다면 특허청에서는 시제품도 없이 어떻게 발명을 이해하고 심사하는 걸까? 특허를 출원하게 되면 기본적으로 특허 명세서라는 문서를 특허청에 제출하게 되는데, 이것은 아주 상세한 발명 설명서라고 생각하면 돼. 발명의 명칭, 발명이 작동되는 과정과 예시, 발명의 효과 등을 자세히 기재하고 마지막 부분에는 해당 도면을 첨부하게 되어 있어. 심사관은 이 특허 명세서의 내용과 첨부된 도면을 참고해 발명의 내용을 이해하고 심사하는 거지.

"저는 도면을 전혀 그릴 줄 모르는데 어떻게 해야 하나요?"라고 걱정하는 친구들이 있겠지? 그것도 걱정하지 마. 발명가의 든든한 친구인 변리사가 서류에 필요한 도면까지 아주 멋지게 그려서 제공해 주기 때문에 그 부분은 염려하지 않아도 돼. 앞에서도 말했듯 변리사는 발명가가 생각한 아이디어를 특허 받는 데 도움을 주는 전문가들이야. 기본적으로 먼저 아이디어가 특허를 받을 수 있는 발명인지 아닌지를 검토해 주고, 부족하거나 아쉬운 부분이 있다면 지금보다 완성도 높은 발명이 될 수 있도록 조언해 주기도 하지. 일반적인 법을 다루는 변호사와는 다른 전문가들이니 혼동하지 않길 바라.

친구들이 변리사를 만나 볼 수 있는 좋은 팁을 하나 알려 줄 게. 학생의 경우엔 '한국발명진흥회'나 '공익변리사 특허 상담 센터'를 통해 신청을 하면 발명이나 특허에 대해 상담을 무료로 받을 수 있어. 만약 아이디어가 특허성을 갖추고 있다면 자격 여건에 따라 특허 명세서와 같은 서류 작성을 지원받을 수도 있 으니 기억해 두었다가 참고하면 좋을 거야.

그렇다면 우리가 알고 있는 시제품은 무엇이고 과연 언제 필 요한 걸까? 시제품이란 말 그대로 제품을 시연하기 위해 임시 로 만든 제품을 말해. 본격적으로 제품을 생산하기에 앞서 임시 제품을 만들어서 작동이 잘 되는지, 예상치 못한 문제는 없는지 등을 테스트하기 위해 만드는 제품이 바로 시제품이야.

시제품은 특허를 출원 중이거나 등록받은 발명품을 사업화 로 진행하는 단계에서 필요해. 보통은 시제품을 만들어 주는 제 작업체를 통해 만들게 되는데, 제작 비용이 생각보다 비싼 편이 야. 그 이유는 일반적으로 우리가 시중에서 구매하는 제품은 형 틀을 만들고 물건을 대량으로 만들어 내는 소품종 대량 생산 방식이라서 비교적 저렴한 가격에 공급이 가능하지만, 극소량의 제품을 만들기 위한 다품종 소량 생산 방식의 시제품 제작은 그 구조상 생산 비용이 비쌀 수밖에 없어.

요즘은 3D프린팅 기술의 발전과 보급으로 시제품 제작이 예전보다 수월해지고 있지만, 아직까지는 일반인들이 접근하기 어려운 것이 사실이야. 하지만 각 지역의 지식재산센터나 테크노파크 등 정부에서 제공하는 다양한 시제품 제작 지원 프로그램을 잘 활용하면 무료로 또는 훨씬 저렴한 비용으로 시제품을 만들 수 있으니 알아두면 좋겠지.

드라이클리닝

얼룩진 옷을 깨끗하게 세탁해 주는 드라이클리닝 세탁 방법 역시 우연한 실수에서 발명되었어. 19세기 중반 프랑스의 어느 염색 공장에서 작업이 한창일 때 한 직원이 실수로 염색 테이블 위에 램프를 떨어뜨리는 바람에 등유가 쏟아지게 되었지. 이 사고로 작업이 중단되자 공장 직원들은 모두 화를 냈지만 당시 공장장이었던 장 밥티스트 졸리(Jean Baptiste Jolly)는 등유를 떨어뜨렸을 때 여러 가지 염색약으로 얼룩져 있던 테이블보의 얼룩이 지워지는 것을 관찰하게 됐어. 이 사건을 계기로 물 없이 등유로 더욱 깨끗하게 세탁하는 드라이클리닝을 발명하게 되었다고 해.

포스트잇

우리 일상에서 흔하게 사용되는 메모지인 포스트잇은 어떻게 발명된 걸까? 1970년 3M사의 연구실에서 초강력 접착제를 연구하던 스펜서 실버(Spencer Silver)는 실수로 특정 화학 반응물을 권장량 이상으로 첨가하는 실수를 하게 되었어. 초강력 접착제를 만들려다 원료 배합을 잘못해서 의도치 않게 잘 붙었다 잘 떨어지는 당시로서는 전혀 쓸모없는 접착제를 만들게 된 거지. 그렇게 방치되던 이 접착제는 어느 날 교회에서 성경 구절을 표시하려 꽂아두었던 메모지가 쏟아져 내려 당황하는 동료와 얘기를 나누던 중 문득 4년 전 만들었다 활용하지 못한 접착제를 떠올리게 되었고, 이를 계기로 3M사의 세계적 히트 상품인 '포스트잇'이 탄생하게 되었어.

미래의 부!
이제 지식재산권을
알아야 한다

지식재산권이란
대체 뭘까?

세계는 지금 지식재산권 전쟁 중이라 해도 지나친 표현이 아닐

정도로 치열한 경쟁을 벌이고 있어. 세기의 대결이라 불렸던 삼

성전자와 애플의 특허권 분쟁에서 볼 수 있듯이 지식재산권은

이제 개인을 넘어 기업이나 국가의 존망을 결정하는 핵심 경쟁

력으로 자리 잡고 있지.

지식재산권을 한마디로 정의하자면 '인간의 지적인 창조물

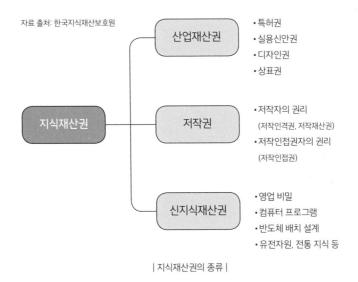

자료 출처: 한국지식재산보호원

산업재산권
• 특허권
• 실용신안권
• 디자인권
• 상표권

지식재산권

저작권
• 저작자의 권리
  (저작인격권, 저작재산권)
• 저작인접권자의 권리
  (저작인접권)

신지식재산권
• 영업 비밀
• 컴퓨터 프로그램
• 반도체 배치 설계
• 유전자원, 전통 지식 등

| 지식재산권의 종류 |

에 대해 법이 부여한 권리'라고 말할 수 있어. 이러한 지식재산권은 크게 산업재산권, 저작권, 신지식재산권으로 나눌 수 있지.

산업재산권이란 산업에 이용되거나 이용될 가능성이 있는 지적 창조물을 보호하는 영역으로 특허권, 실용신안권, 디자인권, 상표권 이렇게 네 가지로 구성되어 있어. 이중 우리에게 가장 잘 알려진 '특허'는 대발명이라고도 하는데, 발명 중에서도 고도성이 높은 발명을 보호하는 것을 말해. 두 번째로 '실용신안권'은 소발명이라고도 하며 비교적 간단한 발명이나 고안(연구하여 새로운 생각을 생각해 냄)에 대한 산업재산권으로서, 특허의 동생쯤으로 이해하면 될 거야. '디자인권'은 기술적 부분이 아닌 심미적인 요소에 해당하는 부분으로 물품의 형상, 모양, 색채 또는 이들의 결합으로서 시각을 통해 미감을 일으키는 가치를 보호하는 것을 말하며, '상표권'은 상품이나 서비스 고유의 브랜드를 보호하는 것이라고 이해하면 돼. 자동차로 예를 든다면 매연 저감 장치는 특허에 해당하고, 차량용 스마트폰 거치대는 실용신안에, 차량의 외형은 디자인권에, '제네시스'라는 자동차 브랜드는 상표권에 해당한다고 볼 수 있지.

다음으로 저작권이란 문학, 학술, 예술에 속하는 창작물에 대한 권리를 보호하는 영역으로서 영상이나 사진, 그림, 글, 노래 등이 바로 저작권을 가진 저작물에 해당해. 이러한 저작권은 다시 저작인격권과 저작재산권, 저작인접권이라는 것으로 나눌 수 있는데, '저작인격권'이란 저작자의 인격에 관한 권리(성명권, 공표권, 동일성 유지권)를 보호해 주는 것이고, '저작재산권'은 저작물로부터 발생할 수 있는 경제적 수익에 대한 권리를 보호하는 것을 말하며, '저작인접권'은 가수나 연주가 등의 실연자에게 별도로 주어지는 권리를 말하지.

이러한 산업재산권과 저작권은 권리 발생 부분에서 큰 차이점이 있는데, 산업재산권은 특허청의 엄격한 심사와 등록 절차를 거쳐야 권리가 발생하는 반면 저작권은 별도의 심사나 등록 절차가 필요하지 않아. 그럼 저작권은 어떻게 권리가 발생하는 거냐고? 방식주의를 채택하고 있는 산업재산권과는 다르게, 무방식주의를 채택하고 있는 저작권은 창작과 동시에 자동으로 권리가 발생하게 돼. 영상을 제작하거나 글을 쓴 그 즉시 저작권이 생기는 거지.

만약 누군가 저작물을 저작권자의 허락 없이 무단으로 사용하면 저작권자는 저작권 침해에 대한 법적인 조치를 취할 수 있어. 이런 경우 저작권자는 해당 저작물이 본인의 창작물이라는 것을 증명할 필요가 있는데, 이때 필요한 곳이 바로 '한국저작권위원회'라는 곳이야. 여기에 저작물을 등록해 놓으면 "이 저작물은 ○○○○년 ○○월 ○○일에 인벤토가 창작했음을 증명합니다"라는 공식적인 기록이 남게 되고, 향후 발생할 수 있는 저작권 분쟁에 대비할 수 있는 거지.

정리하자면 저작권은 창작과 동시에 자동으로 권리가 발생하는 것이고, 한국저작권위원회는 저작물의 창작자를 증명할 수 있는 수단 중 하나로 활용할 수 있다는 거야.

산업재산권과 저작권의 또 다른 차이점은 바로 권리 기간이야. 산업재산권의 경우 특허권과 디자인권은 출원일을 기준으로 20년까지 보호되고, 실용신안권은 10년까지 보호, 상표권은 10년마다 갱신을 통해 계속 사용 가능하지. 산업재산권은 발명자의 권리를 법으로 보호해 주는 제도지만 그 기간이 한정되어 있어. 이에 반해 저작권은 창작자가 살아 있는 동안은 물론이고 사후 70년까지 엄청나게 오랜 기간 보호받을 수 있지.

마지막으로 신지식재산권이란 기존의 산업재산권이나 저작권 외에 기술의 발전에 따라 새롭게 등장하는 지식재산 분야를 보호하는 영역으로서 컴퓨터 프로그램, 유전자 조작 동식물, 반도체 설계, 인터넷, 캐릭터 산업 등이 여기에 해당해.

'흔한남매'도 알고 보면 상표권 부자라고?

우리가 어떤 물건을 구매할 때 다양한 정보를 참고하게 되는데, 그 중에서도 가장 중요한 요소를 뽑으라면 아마도 브랜드(상표)가 아닐까 싶어. 그만큼 브랜드는 해당 상품을 가장 직관적으로 떠올리게 하는 강력한 기능을 가지고 있기 때문이야.

만약 상품에 고유의 상표가 표시돼 있지 않다면 어떤 일이 벌어지게 될까? 아마도 "이 제품이 내가 알고 있는 제품이 맞는 걸까?"라며 소비자는 매우 혼란스러워할 거야. 이렇듯 상표권은 기업의 입장에서 제품을 생산하여 판매할 때 자사의 제품임을 표시함으로써 기업의 이미지를 보호하고 신뢰성을 유지하는 동시에 소비자의 입장에서는 제품을 구매할 때 다른 제품과 혼동하는 것을 방지하는 목적으로 생겨나게 되었어.

상표권은 특허와 마찬가지로 특허청의 심사를 거쳐 등록받게 되는데, 식별력 있는 상표만 갖추고 있다면 사업자가 아니더라도 누구나 상표를 등록받을 수 있어. 이렇게 등록된 상표는 독점권을 갖게 되므로 상표권자 이외에는 함부로 사용할 수 없도록 상표법의 보호를 받게 되지. 또한 상표권은 10년마다 갱신을 통해 그 권리를 영구적으로 사용할 수 있다는 점에서 다른 산업재산권과 다른 특징을 가지고 있어.

그렇다면 등록받은 상표는 어떻게 활용될까? 과거에만 해도 상표권은 물건을 생산하고 판매하는 기업만이 활용하는 경우가 대부분이었어. 하지만 세상이 달라지면서 이제는 일반인도 상표권자가 될 수 있고, 이를 이용해 로열티 수입을 올릴 수도 있는 시대가 열리게 되었어. 유튜브나 아프리카TV 등 개인방송 매체가 발달하면서 이제는 개인이 곧 브랜드가 되는 시대이기 때문이야.

실제로 유명 유튜버들의 인기는 웬만한 연예인을 능가하고 있지. 그런데 이들이 유튜버이면서 동시에 상표권자라는 사실을 알고 있어? 실제로 어느 정도 이름이 알려진 유튜버들은 이미 자신의 이름이나 채널명으로 상표를 등록받아 놓았어. 여기에는 두 가지 이유가 있지. 하나는 본인의 채널 브랜드를 보호하기 위함이고, 또 다른 이유는 등록된 상표를 활용해 로열티 수입을 올릴 수 있기 때문이야. 제품을 직접 생산하거나 판매하지 않는데도 어떻게 유튜버가 상표권으로 돈을 벌 수 있는 걸까?

아이들에게 많은 인기를 얻고 있는 유튜버 '흔한남매'의 경우 본인들의 유튜브 채널명으로 상표를 등록받았어. 이렇게 되면 '흔한남매'는 하나의 상표(브랜드)가 되는 것이고, 이 상표를 등록받은 '장○○, 한○○'은 상표의 권리자인 상표권자가 되는 거야.

그렇다면 이들이 어떻게 본인들의 브랜드를 이용해 로열티 수입을 올리는지 살펴볼까? 인벤토가 가방 공장 사장님이라고 가정해 볼게. 인벤토는 요즘 큰 걱정거리가 있어. 아무리 예쁘고 튼튼한 가방을 만들어 시장에 내놓아도 인지도가 없다 보니 인벤토네 가방을 아무도 사지 않는 거야. 그러던 어느 날 유튜브를 보던 인벤토는 아이들에게 많은 인기를 얻고 있는 '흔한남매'라는 상표를 붙여서 팔면 어떨까라는 뜻밖의 생각을 하게 되었어.

결과는 대성공이었어. 그동안 팔리지 않던 인벤토네 가방이 이제 없어서 못 팔 정도로 대박 상품이 되었지. 그렇다고 가방 자체가 달라진 건 아니야. 단지 아이들에게 친숙한 '흔한남매'라는 상표를 붙여서 팔았을 뿐이야. 결과적으로 '흔한남매'라는 상표가 제품 판매에 가장 중요한 역할을 한 거지.

그렇다면 여기서 질문! 인벤토는 '흔한남매'라는 상표를 마음 대로 사용해도 되는 걸까? 아니, 당연히 안 되겠지. 등록 상표는 독점권을 가지기 때문에 무단으로 사용할 경우 상표권 침해로 처벌받을 수 있어.

상표권자인 '흔한남매'는 가방을 직접 만들거나 판매하지 않아도 본인들의 인지도를 바탕으로 특정 상품에 상표를 사용할 수 있게 허락해 줌으로써 로열티 수입을 올릴 수 있어. 로열티 수입이란 내가 가진 특허나 상표권 등의 지식재산권을 다른 사람이 사용할 수 있게 허락해 준 대가로 받는 일종의 '사용료'라고 생각하면 돼. 상표권이 어떻게 재산권이 되는지 이제 쉽게 이해되지?

상표권은 무형의 재산권에 속하기 때문에 다른 사람에게 돈을 받고 판매할 수도 있어. 소셜미디어 페이스북에 400억 원이라는 거액에 팔린 '메타'라는 상표권이 그 좋은 예라 할 수 있을 거야.

이처럼 브랜드를 성장시킬 수 있는 콘텐츠와 능력만 갖추고 있다면 청소년일지라도 얼마든지 상표권자가 될 수 있어. 잘 키운 브랜드 하나가 엄청난 가치를 창출할 수 있는 거지. 지식재산권의 숨은 보석, 상표권에 지금부터라도 관심을 가져 보는 건 어떨까?

콘텐츠가
돈이 되는 세상,
저작권이란?

바야흐로 유튜브 전성시대야. 2005년에 시작해 세계 최대 비디오 플랫폼으로 성장한 유튜브는 영화, 음악, 교육, 오락 등 분야를 가리지 않고 엄청난 양의 콘텐츠들을 매일같이 쏟아내며 어느새 우리 생활의 일부로 자리 잡았어.

　유튜브에 매일같이 다양한 콘텐츠가 모이는 이유는 뭘까? 바로, 영상을 제작한 유튜버에게 합리적인 대가를 주기 때문일 거야. 실제로 다수의 구독자를 보유한 유튜버들은 생각보다 많은 수입을 올리는 것으로 알려져 있어. 이렇듯 단기간에 유튜브가 급성장하게 된 배경에는 저작권이라는 지식재산권이 있었기 때문에 가능했어.

저작권이란 창작물을 만든 사람의 노력과 가치를 인정하고 만든 사람, 즉 저작자의 권리를 보호해 줌으로써 문학, 예술, 학술이 발전할 수 있는 토대를 마련해 주는 제도이지. 이렇게 보호되는 것을 저작물이라고 하는데, 우리가 흔히 접할 수 있는 소설·시·강연·음악·연극·공예·사진·영상 등이 바로 저작권을 가지는 저작물에 해당해.

저작권은 별도의 심사 과정을 거치지 않는다는 특징이 있어. '무방식주의'를 채택하고 있기 때문인데, '아무런 절차나 방식을 요구하지 않는다'는 것을 뜻해. 이것이 방식주의를 채택하고 있어 심사 과정을 거쳐야 권리가 발생하는 산업재산권과 가장 큰 차이점이라 할 수 있어.

그런데 물건을 생산하거나 판매하는 기업도 아닌, 유튜브는 대체 무슨 돈으로 유튜버에게 저작권료를 주는 걸까? 정답은 바로 광고 수입이야. 기업의 브랜드나 제품을 홍보하기 위한 광고는 다양한 매체를 통해 소비자에게 전달되고 있어. 가장 전통적인 방식인 텔레비전과 신문, 잡지, 인터넷 포털 등 다양한 매체들이 직간접적으로 광고에 활용되고 있지. 기업이 광고에 많은 비용을 투자하는 이유는 그 매체를 보는 다수의 시청자가 있기 때문이야.

유튜브 역시 특정 플랫폼을 통해 소비자에게 광고가 전달된다는 점에서 기존의 매체들과 크게 다르지 않아. 한 가지 다른 점이 있다면, 구독자가 소비자인 동시에 영상에 대한 저작권을 가진 저작권자가 될 수 있다는 거지.

좀 더 자세히 과정을 살펴보면, 우선 유튜버는 다양한 정보와 볼거리를 담은 영상을 만들어 시청자에게 제공하며 구독자를 확보해 나가게 돼. 기업들은 많은 구독자를 보유한 채널에 자사의 제품을 홍보하길 원하고, 그에 상응하는 광고비를 유튜브에 지급하게 되지. 이렇게 발생한 광고비가 바로 유튜브의 주된 수입이 되는 것이고, 그 수입의 일부를 영상을 제작한 유튜버에게 지급하게 되는 거야. 구독자 수가 늘어날수록 자연스럽게 광고 수입이 증가하게 되고, 이는 유튜버로 하여금 더 많은 양질의 콘텐츠를 제작해 업로드하는 선순환의 구조를 만들어가게 하는 거지. 바로 이런 합리적인 비즈니스 방식이 지금의 유튜브를 성공하게 한 원동력이 아닐까 생각해.

2013년에 시작해 3000만 명 이상의 구독자를 보유한 초대형 유튜브 채널 '보람튜브'는 상상 이상의 광고 수입을 올리는 콘텐츠 기업으로 성장했어. 허팝, 헤이지니, 제이플라와 같은 메가 유튜버들이 다양한 콘텐츠로 무장하며 그 뒤를 잇고 있지.

저작권으로 인한 수입은 사실 유튜브에만 국한된 건 아니야. 이미 오래전부터 다양한 방법을 통해 저작권은 그 역할을 하고 있었으니까. 예를 들어 크리스마스 시즌이 되면 방송에서 어김없이 흘러나오는 머라이어 캐리의 〈All I Want For Christmas Is You〉라는 노래의 경우 현재까지 700억 원 이상의 저작권 수입을 올린 것으로 알려져 있어. 엄청나지?

이렇듯 과거에는 특정 매체와 유명인만이 가졌던 저작권이 이제는 유튜브와 같은 새로운 플랫폼을 기반으로 일반인도 얼마든지 가질 수 있는 재산권이 되어 새로운 수익 창출 기회로 다가오고 있어. 여기에 더해 'NFT(Non-fungible token, 대체 불가능한 토큰)'라는 블록체인 기술이 등장하면서 앞으로 창작자의 권리를 더욱 확고히 지킬 수 있는 시대가 다가오고 있지. 이 기술이 나오기 전까지만 해도 기존의 파일들은 데이터로만 이루어졌기 때문에 쉽게 무단으로 복제가 가능해서 가치를 인정받기 어려웠는데, 이제는 원본의 복제가 불가능해 고유성을 인정받을 수 있어서 희소성이 생겨 가치가 올라간 거지. 그림이나 사진, 음악, 동영상 등의 디지털 파일을 가리키는 주소를 토큰 안에 담음으로써 그 고유한 원본성 및 소유권을 나타낼 수 있게 된 거야. 일종의 가상 진품 증명서라고 생각하면 이해가 되지?

이처럼 세상은 우리가 생각하는 것보다 더욱 빠르게 변하고

있어. 과거에는 땀 흘려 일한 노동력이 전부였던 시대였지만, 앞으로는 지식재산권이 이를 빠르게 대체해 나가게 될 거야. 이것이 바로 우리가 지적인 활동으로 인해 발생하는 모든 재산권, 즉 지식재산권을 알아야 하는 이유라고 말할 수 있어.

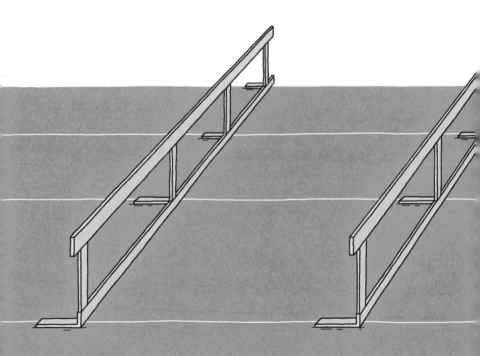

주목!
특별한 스펙이 완성되는
발명대회

발명대회는
가장 훌륭한 자기소개서

지금까지 우리는 창의성이 왜 필요한지, 또 그것이 어떻게 활용되는지에 대해 살펴봤어. 그런데 무한한 잠재력을 가진 창의성에도 한 가지 단점이 있어. 바로, 이를 객관적으로 증명하기가 무척이나 어렵다는 점이야. 지금까지 알려진 그 어떤 방법으로도 개인이 가진 고유의 창의성을 완벽하게 측정하기란 불가능하거든.

하지만 관점을 바꿔 보면, 창의성의 이러한 단점은 우리가 발명대회에 관심을 가져야 하는 중요한 이유라고 말할 수 있어. 발명대회 자체가 친구들이 가진 창의성을 입증할 아주 훌륭한 수단이 될 수 있기 때문이야.

발명대회는 좋은 주제를 선정하는 것에서부터 시작하면 좋아. 산업에 이용될 수 있는 형태의 아이디어라면 어떤 것이라도 발명의 소재로 삼을 수 있어. 대부분의 발명대회가 출품하는 주제에 특별히 제한을 두고 있진 않지만, 공공기관의 주최로 이루어지는 발명대회가 많다는 점을 고려한다면 개인보다는 사회 구성원 전체에 이익을 가져올 수 있는 공공성을 가진 주제가 아무래도 가산점을 얻기 유리할 거야.

예를 들면 환경오염을 줄일 수 있거나 자원을 절약할 수 있는 발명, 또는 사회적 약자에게 안전이나 편의성을 제공할 수 있는 발명이 공공성을 가진 발명에 해당한다고 볼 수 있지. 실제로 대표적인 학생 대상 발명대회 중의 하나인 '대한민국학생발명전시회' 공고문의 주제 선정 예시를 살펴보더라도 공공성을 지닌 발명 주제를 안내하고 있는 것을 볼 수 있거든.

그 당시 사회적 이슈에 해당하는 문제를 해결하는 주제 역시 좋은 발명 소재라 말할 수 있어. 예를 들어 코로나19 바이러스

	내용
	장애인, 노인, 어린이에게 도움을 주는 발명품
	에너지를 절약할 수 있는 발명품
	재난, 자연재해 대비, 기타 안전을 위한 발명품
발명 예시	건강 관리에 도움을 주는 발명품
	환경 문제 해결에 도움을 주는 발명품
	학습에 도움을 주는 발명품
	사물인터넷 등 소프트웨어와 관련된 발명품

자료 출처: 대한민국학생발명전시회

가 전 세계적으로 이슈가 되고 있다면 감염병 예방에 도움이 되는 마스크와 관련된 발명(예: 교체 가능한 필터가 내장된 마스크)을 주제로 정하거나, 선박 안전사고로 인한 인명 사고가 발생해 해결 방법이 논의 중이라면 구명조끼와 관련된 발명(예: 원터치로 신속하게 착용 가능한 구명조끼)을 주제로 정했을 때 발명대회 입상에 한 발 더 다가설 수 있을 거야. 이는 다수의 입상 경력을 가진 발명왕들이 하나같이 추천하는 방법이기도 하니까 참고하면 대회 준비에 많은 도움이 될 거야.

이와 더불어 발명일지를 성실히 작성하는 것 역시 가산점을 받을 수 있는 좋은 방법이라 말할 수 있어. 발명일지는 발명품을 구상하게 된 동기나 문제 해결 과정 등을 상세히 기록한 일지로서, 본인이 누구의 도움 없이 스스로 고민하고 직접 발명했다는 걸 소명하는 중요한 자료가 될 수 있지.

그렇다고 모든 주제의 발명품이 대회에서 인정을 받는 것은 아니야. 출품에 제한을 두고 있는 발명 주제도 있는데, 공서양속(공공의 질서와 선량한 풍속)에 위배되는 발명은 출품을 제한하고 있어. 예를 들어 위조지폐를 만들 수 있는 복사 장치 같은 발명품은 인정받지 못하지. 또한 학생 본인의 발명이 아니라고 인정되는 발명품이나 다른 발명대회에 출품했던 발명품, 이미

존재하고 있는 상품도 역시 발명대회에서는 출품을 금지하고
있어.

발명대회는 어떻게
준비하는 걸까?

발명대회에 참가하기 위해서는 내가 출품할 아이디어를 구체

적으로 정리한 발명 설명서 작성이 필요해. 발명 설명서란 발명

의 내용을 일정한 형식을 갖춰 작성하는 문서를 말하는데, 이것

을 기반으로 발명대회의 입상 여부가 가려지기도 하고 또 나아

가 특허 출원을 하게 된다면 변리사에게 발명의 내용을 설명하

기 위한 기초 자료로 활용할 수도 있지.

발명 설명서는 대회마다 양식이 조금씩 다를 수 있지만 대부분 다음과 같이 구성되어 있어.

① 발명의 명칭
② 발명의 목적이나 동기
③ 발명의 내용 및 특징
④ 발명의 효과
⑤ 도면

첫 번째, 발명의 명칭은 해당 발명의 내용을 가장 잘 표현할 수 있는 단어를 조합해서 정하면 돼. 한 가지 주의할 점은 '최첨단의', '편리한', '좋은' 같은 형용사는 되도록 사용하지 않는 거야. 그것이 왜 최첨단인지, 왜 편리한지, 왜 좋은지를 뒷받침해 설명할 근거가 없기 때문에 발명의 실시 내용이나 구성 요소 등의 사실적인 내용만으로 작성하는 것이 좋은 방법이지.

두 번째, 발명의 목적이나 동기는 어떠한 상황에서 불편함을 느꼈고 이 불편함을 개선하기 위해 지금의 발명품을 구상하게 되었다는 형식으로 작성하면 돼.

세 번째, 발명의 내용 및 특징은 발명품의 형태나 구동 방법을 기술하면 돼. 일반적으로 발명품의 외형, 각 부분의 기능, 연결 방법, 연결된 부분의 작동 과정 등을 그림 그리듯 설명하면 좋아. 이때 첨부하는 도면에 설명이 필요한 부분마다 임의의 번호를 매기면서 작성하면 좀 더 효과적으로 설명할 수 있을 거야.

네 번째, 발명의 효과 부분은 "기존에는 어떠한 점이 불편했는데 이 발명품으로 인해 불편함이 개선되는 효과를 가져왔다"라는 형식으로 작성하면 돼.

다섯 번째, 도면은 컴퓨터 프로그램 도면을 첨부하는 방법, 완성작을 사진으로 찍어 첨부하는 방법, 손으로 직접 그림을 그려서 첨부하는 방법 등 세 가지 중에서 하나를 선택하면 돼.

발명 설명서를 작성할 때는 처음부터 형식에 맞게 쓰려면 어려우니까 먼저 자유롭게 생각을 적어 본 뒤 작성한 내용을 바탕으로 양식에 따라 수정해 나간다면 어렵지 않게 작성할 수 있을 거야.

그럼 이해를 돕기 위해 간단한 발명 설명서 작성 예제를 하나 살펴보도록 할게.

작성하고자 하는 발명의 내용

병원에서 환자가 링거액을 조끼 형태로 착용해 투여받음으로써 스탠드형 링거대로 이동 시 발생하는 불편함을 개선할 수 있는 링거액 공급용 장치.

❶ 발명의 명칭

- 조끼 형태의 수액 공급 장치
- 링거액 공급용 조끼
- 착용 가능한 링거액 거치대

❷ 발명의 목적이나 동기

병원에서 환자에게 투여되는 링거액은 장시간 투여받아야 하는 특성상 일반적으로 스탠드형 수액 거치대를 이용하게 된다. 이러한 수액 거치대는 하부에 바퀴가 달린 구조라서 장소에 따라 환자의 이동성이 제한되는 문제점을 가지고 있었다. 이에 본 발명은 환자가 수액을 조끼 형태로 착용해 투여받음으로써 보행 중 생기는 불편함을 감소시키고 편의성을 향상하기 위해서다.

❸ 발명의 내용 및 특징

본 발명은 조끼 형태로 착용한 후 후면의 링거용 폴대를 결합해 수액을 공급받는 방식으로 사용하게 된다. 내부에는 다수의 홈이 있는 플라스틱 재질의 프레임을 내장해 안정성을 높임과 동시에 무게를 감소시켰으며, 양쪽 어깨와 허리 부분으로 수액의 무게를 분산시킬 수 있도록 구성하였고 완충재를 결합해 충격을 흡수할 수 있도록 하였다. 또한 본체의 후면에는 링거용 폴대를 본체에 결합해 고정할 수 있는 장치를 구비하고 있어 폴대가 안정적으로 고정될 수 있도록 한 것이 특징이다.

❹ 발명의 효과

소끼 형태로 간편하게 착용해 링거액을 투여받음으로써 장소에 제한받지 않고 링거액을 공급받을 수 있어 환자의 이동성을 향상시키는 효과를 가져오게 된다.

❺ 도면

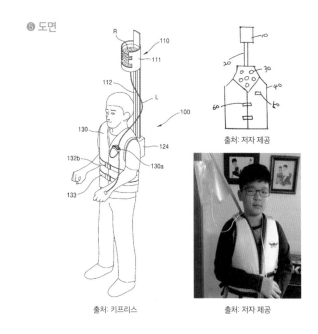

출처: 저자 제공

출처: 키프리스

출처: 저자 제공

어떤 발명품이
상을 받게 되는 걸까?

발명대회에서는 과연 어떤 발명품들이 입상하게 되는지 알기 위해 역대 수상작 중 몇 가지를 살펴보도록 할까?

 첫 번째로 살펴볼 발명품은 교육부장관상을 수상한 '이동이 편한 만능 접이식 우산통'이야. 비가 오는 날이면 학교에 쓰고 온 우산을 현관

에 비치된 우산통에 꽂아 놓고 교실로 들어가게 되는데, 발명가
는 이 우산 통을 교실로 옮기는 과정이 힘들고 불편해서 아이디
어를 떠올리게 되었대.

발명의 내용을 살펴보면 우산을 개별로 꽂을 수 있는 다수의
구멍이 상단에 위치해 있고 하단에는 특징적인 바퀴로 구성되
어 있어. 앞쪽에는 일반적으로 사용되는 2개의 바퀴가 장착돼
있어서 평지에서 쉽게 이동할 수 있게 하였고, 반대쪽에는 3개
의 바퀴가 트라이앵글 형태로 장착돼 있어서 계단에서의 이동
을 편리하게 만들었지. 또한 측면에 달린 손잡이는 이동 시 사
용자에게 편의성을 제공하며, 본체를 접고 펼 수 있게 만들어서
사용하지 않을 땐 부피를 줄여 보관하는 것도 가능하지.

비 오는 날 학교에서 느꼈던 불편함을 해결하기 위해 평지와
계단에서도 쉽게 이동할 수 있도록 만든 아이디어가 넘치는 발
명품이라 말할 수 있을 것 같아.

두 번째로 살펴볼 발명품은 역시 교육부장
관상을 수상한 '안경 부착용 김 서림 방지 장
치'야. 코로나19로 바이러스 감염 예방을 위해
마스크 착용이 일상화된 요즘, 가장 불편함을 느끼는 사람을 뽑

으라면 아마도 안경을 쓴 사람들이 아닐까 싶어. 해당 발명가 역시 안경을 착용하는 학생으로서 마스크를 착용하고 안경을 쓰면 마스크 위쪽의 빈틈으로 나온 호흡이 안경 내부로 전해지면서 김 서림이 발생하게 되는데 발명가는 이러한 불편함 때문에 아이디어를 구상하게 되었대.

발명의 내용은 안경의 아래쪽에 눕힌 S자 형태의 부착물을 결합하는 방식으로 마스크 틈으로 올라온 호흡을 측면으로 분산시켜 안경 내부로의 진입을 방지함으로써 김 서림을 예방하는 거야. 다양한 형태의 안경에도 적용 가능하며 실리콘 재질로 제작되어 반영구적으로 사용할 수 있는 장점도 가지고 있어. 간단한 아이디어지만 안경 김 서림으로 불편함을 느껴 본 사람들에게 꼭 필요한 발명품이 아닐까.

세 번째로 살펴볼 수상작은 두루마리 화장지의 단점을 개선해 국무총리상을 받은 '한 손으로 절취되는 화장지 케이스'야. 티슈형 화장지는 사용이 편리하다는 장점이 있지만, 두루마리 화장지에 비해 가격이 비싸다는 단점을 가지고 있지.

이 발명품은 두루마리 화장지를 사용할 때 한 손으로 간편하게 절취를 가능하게 함으로써 티슈형 화장지 못지않은 편리함을 사용자에게 제공할 수 있어. 또한 필요 이상으로 사용하게 되는 화장지의 사용량을 조절할 수 있어서 자원 절약과 환경오염을 줄이는 효과도 얻을 수 있지. 이러한 공공성을 지닌 효과가 국무총리상의 비결이 아니었나 생각해.

네 번째로 살펴볼 발명품은 한국발명진흥회장상을 수상한 '2S UP! 친환경 계란판'이야. 여기서 '2S'란 Sterilization(살균)과 Simpleness (용이)의 두 가지 기능을 발명품 속에 담았다 해서 붙인 이름이라고 해. 마트에서 30구짜리 달걀을 구입해 본 경험이 있을 거야. 이렇게 산 달걀은 집에 오면 다시 하나씩 냉장고로 옮겨야하는 불편함이 있는데, 발명가는 바로 이러한 불편함 때문에 발명을 구상하게 되었대.

발명의 내용을 살펴보면 30구짜리 계란판을 반으로 쉽게 분리할 수 있게 제작해 필요시 2층 구조를 만들어 부피를 줄여 냉장고에 보관할 수 있게 만든 것이 특징이야. 여기에 건강한 먹거리를 위해 살균 효과를 가진 친환경 재료인 포졸란(Pozzolan)을 계란판에 첨가함으로써 식품에 대한 안전성을 높인 것 역시 장점이라 할 수 있어. 지금 바로 적용해도 좋을 만한 매우 실용적인 발명품이지.

 마지막으로 살펴볼 발명품은 과학기술정보통신부장관상을 수상한 '닭뼈를 간편하고 위생적으로 처리할 수 있는 치킨 박스'야. 친구들도 치킨 좋아하지? 우리나라 대표 외식 메뉴를 뽑으라면 바싹하게 튀긴 치킨을 빼놓을 수 없을 거야. 1년 동안 소비되는 치킨이 무려 7억 마리나 된다고 하니 그 양에 놀라지 않을 수 없어. 그런데 치킨을 먹으면서 생기는 닭뼈를 친구들은 어떻게 처리하고 있어? 발명가는 닭뼈를 어떻게 하면 간편하고 위생적으로 처리할 수 있을까 고민하다 발명을 구상하게 되었대.

발명의 내용을 살펴보면 치킨 박스의 외부에 구멍을 뚫고 뼈 회수용 비닐을 장착해 뼈를 모아 버릴 수 있게 만들었어. 간단한 방법이지만 자칫 닭뼈와 함께 일반쓰레기로 버려질 뻔한 치킨 박스를 재활용품으로 분류해 다시 자원으로 활용할 수 있게 만들었다는 점에서 큰 효과를 가져온 좋은 발명품이라고 생각해.

1월

발명창의력 10종 경기

2월

특허청 청소년 발명기자단, 한국 학생 골드버그 창작대회

3월

대한민국학생발명전시회, 대한민국 학생 창의력 챔피언 대회, 대한민국 청소년 발명아이디어 경진대회, 수리과학 창의대회, 대학 창의 발명대회, 미래 발명영재교육센터, 생활발명코리아

4월

YIP 청소년 발명가 프로그램, 서울시 창의아이디어 경진대회, 아이디어 서울 발명 공모전

5월

IP Meister Program, 전국 학생 과학 발명경진대회, 청소년 미래상상 기술경진대회, 전국 학생 발명 아이디어 경진대회, LG 생활과학 아이디어 경진대회

6월

대한민국 세계여성 발명대회, 장영실 발명 창업대전

9월

차세대 영재기업인, 전국 초 중학생 발명 글짓기 및 만화 공모전

11월

한국 학생 창의력 올림픽

관심 있는 학생들의 많은 참여 바랍니다~

재미있는 발명과
특허 에피소드

대기업도 발명의 원리를
배운다고?

우리나라의 대표 기업인 삼성전자나 포스코, LG전자, 현대자동
차 등도 발명의 원리를 배운다는 사실을 알고 있니? 어떻게 이
런 대기업이 직원들을 대상으로 발명의 원리를 교육하게 되었
을까?

때는 2000년대 초, 삼성전자는 처음 양문형 냉장고를 개발하
며 큰 고민에 빠졌어. 그 이유는 냉장고와 홈바를 연결하는 스

테인리스 재질의 연결 장치(쇠고리) 때문이었는데, 원가 가격도 비싼 데다 경쟁사의 특허를 침해할 소지가 있었기 때문이야. 오랫동안 고민해도 별다른 해결 방법이 떠오르지 않자 결국 창의성 전문가에게 의뢰하게 되었지.

그로부터 몇 달 후 이 문제에 대한 답변이 돌아왔는데, 그 전문가가 제안한 방법은 쇠고리인 연결 장치를 아예 없애고, 그 대신 냉장고 속으로 홈바 문을 길게 늘리는 방식으로 문제를 해결하는 거였어. 현재 우리가 사용하는 냉장고의 미니 홈바의 형태가 이렇게 탄생하게 된 거지. 이러한 과정을 거쳐 새롭게 적용된 미니 홈바 방식 덕분에 삼성전자는 대당 수천 원의 특허료를 절감할 수 있었어.

이후로 기업들은 속속 '트리즈'라는 발명 원리 교육 체계를 도입하기 시작했어. 트리즈는 해결안을 찾아가는 방향을 제시하는 이론이라고 볼 수 있어. 또한 발명과 관련된 방법론으로도 볼 수 있는데, 창의적인 발명에서 나타나는 공통적인 특성을 체계화한 것이야.

가장 먼저 움직인 삼성은 삼성 종합 기술원에서 본격적으로 트리즈를 도입해 활용하기 시작했고, 2006년엔 삼성전자 등을 주축으로 삼성트리즈협회(STA)를 출범시켰어. 또한 러시아의 트리즈 전문가를 모셔다 본사에 상주시켜 신입 연구 개발 인력은 의무적으로 트리즈 과정을 듣도록 했지. 그 결과 매년 180여 건의 특허를 출원하였으며, 삼성에서 나오는 모든 제품은 어떠한 형태로든 트리즈가 적용되어 나온다는 말이 있을 정도로 새로운 제품 개발에 적극 활용하고 있어.

포스코의 경우엔 "트리즈는 사람을 창의적으로 변화시키는 장점이 있다"며 직원들을 대상으로 많은 시간을 투자해 교육을 했고, 2003년 도입 이후로 100여 개의 과제를 해결하고 107건의 특허를 취득하는 등의 가시적인 성과를 냈지.

이처럼 많은 기업들이 '혁신'이라는 시대적 과제를 트리즈에서 답을 찾고 있으며 비용 절감, 상품 가치 제고, 특허 회피 등에 필요한 아이디어를 찾는 데 유용하게 활용하고 있어.

그렇다면 이러한 트리즈는 언제 어떻게 만들어진 걸까? 러시아의 겐리히 알트슐러(Genrich Saulovich Altchuller)라는 과학자가 1946년에 러시아의 우수한 특허와 기술 혁신 사례들을 20만 건 이상 분석하면서 창의적인 발명에서 나타나는 공통점을 발견했는데, 이를 체계화한 것이 트리즈야. 그는 창의성은 모순을 극복한 결과이며 주변의 자원을 최대한 활용하는 특징이 있다는 점을 밝혀냈어.

그가 찾아낸 문제 해결 방법들 중에는 대표적으로 분할, 추출, 통합, 반대로, 사전 예방, 역동성, 다용도, 차원 변경, 고속 처리 등이 많이 활용되는데, 즉 어떠한 문제에 부딪혔을 때 이를 쪼개고 나누어 생각해 보거나, 필요한 부분만 뽑아내거나, 반대로 생각하기 등의 다양한 기법을 적용해 봄으로써 가장 효율적인 문제 해결 방법을 찾아내는 거지.

세탁기의 편리한 장점에 빨래판 고유의 특징을 결합해 만든 삼성의 액티브 워시 세탁기가 그 좋은 예일 거야. 이 제품은 세탁기를 돌릴 때 와이셔츠 목 부분의 찌든 때를 비벼 빨 수 있는 빨래판이 달려 있으면 좋겠다는 의견을 반영해 만든 경우로, 기술적 진보를 통해 탄생한 제품이라기보다는 편리함과 불편함의 모순점을 찾아 결합해 탄생시킨 아이디어 상품이지. 이 세탁기 모델은 출시 당시에 좋은 반응을 얻었어.

또한 책의 앞부분에 소개했던 정주영 공법 역시 트리즈의 관점에서 볼 때 물막이 공사와 유조선이라는 전혀 다른 성질의 모순을 연결해 문제를 극복한 결과라고 말할 수 있을 거야.

세기의 특허 분쟁,
삼성전자와 애플

2011년에 전 세계인들에게 지식재산권의 중요성을 일깨워 준 한 가지 사건이 있었어. 바로 글로벌 초일류 기업인 삼성전자와 애플의 특허권 분쟁이 그것이야. 세계적인 두 기업 간의 싸움이면서 천문학적인 배상금과 소송 뉴스는 당시 신문의 1면을 장식하기 바빴지.

사건의 계기는 2011년 4월로 거슬러 올라가. 2007년 스티브 잡스가 아이폰을 내놓으며 세상을 깜짝 놀라게 만든 애플이 스마트폰 제조사의 양대 산맥인 삼성전자를 스마트폰 디자인 특허 4건과 상용 특허 3건의 침해 혐의로 고소하면서 시작되었어. 둥근 모서리를 비롯한 디자인 특허를 비롯하여 핀치 투 줌, 탭 투 줌, 바운스백 등 상용 특허가 쟁점이었던 소송에서 삼성은 10억 달러라는 천문학적인 배상금을 부과 받게 되었지. 징벌에 가까웠던 전례 없는 배상금의 규모는 삼성이 고의적으로 특허를 침해했다고 판단했기 때문에 나온 결과였어.

하지만 당시 재판을 주재한 루시 고 판사는 일부 배상금 산정이 잘못되었다며 다시 새로운 재판을 열도록 명령하였고, 두 차례에 걸친 배심원 평결을 거친 결과 특허권 침해 5억 4800만 달러와 트레이드 드레스 침해 3억 8200만 달러를 합해 총 9억 3천만 달러의 배상금을 내라고 결정하게 되었어. 트레이드 드레스란 상품의 전체적인 이미지를 말하는 것으로서, 상표권보다 좀 더 포괄적인 의미를 가지는 제도를 말해. 예를 들어 코카콜라의 경우 허리가 잘록한 병의 형상을 보고 코카콜라 제품을 연상할 수 있다고 간주해 상표법의 보호 대상이 된다고 인정받은 사례를 들 수 있어.

이후 삼성과 애플은 2014년에 본격적으로 2차 특허 소송에

돌입하게 돼. 이때의 쟁점인 상용 특허 관련 소송은 복잡하고 기나긴 기술 공방이 병행되었기 때문에 삼성에겐 한편으론 좋은 기회였어. 이때 핵심 쟁점은 데이터 태핑, 단어 자동 완성, 밀어서 잠금 해제 등 애플 특허권 3개였지. 1심 재판부는 삼성의 특허 침해를 인정했지만, 최초 애플에서 요구한 금액의 20분의 1, 즉 1억 1960만 달러의 배상금만을 부과받는 데 그쳤어.

삼성으로선 배상금을 물었지만, 성과가 아예 없었던 것은 아니야. 미국에서 진행된 특허 소송에서 사상 처음으로 애플에게 배상금을 부과하는 의미 있는 성과도 있었거든. 배심원들은 애플 역시 삼성의 디지털 이미지 및 음성 기록 전송 특허를 침해했다고 판단했어. 이에 따라 애플한테도 15만 8400달러를 배상금으로 부여했지. 소액이긴 하지만 매우 상징적인 결과라고 볼 수 있어.

사실, 삼성과 애플은 복잡 미묘한 관계를 가지고 있어. 스마트폰 분야에서는 경쟁사지만, 반도체 등 부품 부분에서는 애플이 삼성에겐 중요한 고객사이기도 했거든. 정확히 밝혀지진 않았지만 이러한 이유 때문인지 2015년 12월, 삼성은 애플에게 배상금 5억 4800만 달러를 우선 지급하기로 결정하였고, 이렇게 사건은 끝나는 듯했어. 하지만 이후에도 두 기업은 한치의

양보 없이 서로 엎치락뒤치락 항소를 반복하며 법적 분쟁을 끝날 기미를 보이지 않다가 2018년 6월에 돌연 삼성전자와 애플은 7년간의 긴 특허 소송에 마침표를 찍게 돼. 두 회사는 같은 이유로 다시 재소할 수 없다는 조건 외에 구체적인 합의 사항에 대해서 밝히지 않았지만, 관련 업계에서는 긴 소송의 피로감이 작용한 게 아니냐는 분석을 내놓기도 했어.

이러한 소송을 거치며 삼성과 애플은 서로 천문학적인 비용을 부담해야 했지만, 훗날 실보다는 득이 많은 소송이었다는 평가를 듣게 돼. 삼성은 일종의 노이즈 마케팅 효과로 스마트폰 혁신의 대명사인 애플의 라이벌임을 전 세계에 각인시키며 브랜드 가치를 높일 수 있었고, 애플 역시 스마트폰을 탄생시킨 오리지널 기업이라는 이미지를 더욱 공고히 하는 계기가 되었지. 그 결과 두 거대 기업은 전 세계 스마트폰 시장 점유율을 나란히 확대하며 우위를 점하였고, 기업의 매출 또한 큰 폭으로 증가했어.

지식재산권은 이처럼 눈에 보이지 않지만 4차 산업혁명 시대에 진입하며 그 가치가 이미 우리가 상상하는 것 이상으로 커졌고, 전 세계의 다국적 기업들은 생존을 위해 지금도 총성 없는 전쟁을 치르고 있어. 삼성과 애플의 특허 분쟁은 이러한 지식재산권의 중요성을 보여 준 역사적인 사건이지.

지식재산권의
다크호스
'NFT'란?

요즘 세상을 떠들썩하게 하고 있는 NFT란 대체 뭘까?

NFT는 Non-Fungible Token의 약자로, 대체 불가능한 토큰을 뜻해. 이는 비트코인과 같이 블록체인이라는 기술에 기반을 두고 있는 토큰화된 디지털 자산의 일종인데, 블록체인이란 레고와 같은 블록에 정보를 담아 체인 형태로 연결해 수많은 컴퓨터에 동시에 복제해 저장하는 기술을 말해. 유형이나 무형의 형태에 관계없이 가치가 있거나 가치가 있을 수 있는 것들을 디지털화해서 토큰화할 수 있고, 소유권 정보까지 블록체인상에 기록할 수 있는 특징을 가지고 있지.

너무 어려워서 이해가 잘 안 된다고? 결론적으로 말하자면, NFT는 실물을 구매해 소유하는 것이 아니라 디지털상에 존재하는 오리지널을 내가 소유하고 있다는 기록을 사는 것이라고 설명할 수 있어. 그 한 가지 예로, 디지털 아티스트인 마이크 윈켈만이라는 사람이 제작한 〈매일: 첫 5000일〉이라는 작품이 783억 원이라는 거액에 판매된 사례가 있었는데, 이 역시 실제 그림을 소유하는 것이 아니라, 내가 구매해서 소유자가 되었다는 디지털상의 기록을 보유하는 것이라 말할 수 있어.

NFT를 좀 더 쉽게 이해할 수 있도록 재미있는 이야기를 들려줄게. 영희와 철수가 각자 만 원씩 가지고 있다고 가정해 보자. 영희가 가진 만 원과 철수가 가진 만 원은 기본적으로 그 화폐의 가치는 똑같아. 때문에 서로 돈을 바꾸더라도 누구 하나 손해 보는 일이 없을 거야. 이것이 지금까지 우리가 사용한 보통의 화폐나 비트코인과 같은 가상화폐의 일반적인 개념이야.

그런데 만약 영희가 가진 만 원의 일련번호가 '0001'이고 철수가 가진 일련번호가 '2534'라면 어떨까? 역시 화폐로서의 가치는 같지만, 영희가 가진 만 원에는 첫 번째 화폐 발행물이라는 보이지 않는 가치가 추가로 붙게 될 거야. 이것을 '희소성'이라고 하는데, 쉽게 말해 물건은 하나인데 이것을 갖고 싶어 하는 사람이 많아서 그 물건의 가치가 높아진 거야.

이때 고유번호는 블록체인에 기록됨으로써 위조나 변조가 사실상 불가능하므로 세상에 오직 나만 소유할 수 있게 되는 거지. 즉, 각각의 다른 데이터가 기록된 코인은 서로 다른 가치를 갖게 되므로, 이것이 바로 NFT의 핵심이라 말할 수 있어.

NFT가 주목받는 또 하나의 이유는 메타버스라 불리는 가상 현실 세계의 확장성 덕분이야. 5G 기술의 급진적인 발달로, 우리는 앞으로 VR기기를 통해 현실 세계와 비슷한 가상 세계를 경험하게 될 거야. 현재는 일찍부터 그 성장 가능성을 알아본 글로벌 기업들이 메타버스 시장에 뛰어들어 보다 빠르게 그 시장을 선점하기 위해 발 빠르게 움직이고 있지.

이 가상 세계에서는 나만의 캐릭터를 만들 수 있고, 부동산을 구입할 수도 있으며, 물건을 사고팔 수도 있어. 실제로 한 메타버스에서는 평당 8만 원에 구입한 청담동의 땅이 400만 원까지 치솟아 무려 5000퍼센트 수익률을 보였다고 해. 이 가상의 공간에서는 대학교 입학식이나 동호회 모임도 할 수 있고, 유명가수의 콘서트를 열어 공연 수입을 올릴 수도 있어. 이 모든 것이 현실이 아닌 가상 세계에서 일어나는 일들이야. 그리고 그 중심에 바로 NFT가 있는 거지.

그렇다면 지식재산권의 관점에서 NFT를 바라보면 어떨까? NFT는 창작자의 저작권을 강력하게 보호해 줄 수 있는 신기술이라 말할 수 있어. 예를 들어 지금까지는 사진작가가 찍은 작품 사진을 인터넷에 올리는 순간 누구나 쉽게 복사해 본인의 컴퓨터로 가져갈 수 있었고, 그 이미지 중에 작가가 올린 진짜 원작이 무엇인지를 가려내기가 사실상 불가능했었거든. 하지만 NFT는 이것을 가능하게 해 주지.

어떻게 그럴 수 있냐고? 원작의 사진 파일에 민팅(minting)이라는 과정을 거쳐서 저작자의 정보를 고유번호와 함께 블록체인에 기록함으로써 오리지널 작품이라는 고유의 가치를 창작자가 지켜낼 수 있는 거지.

하지만 아직까지는 이렇듯 다양한 가능성을 지닌 NFT를 바라보는 시선이 기대 반, 우려 반이야. 그러나 분명한 것은 메타버스가 이제 막 하늘을 날기 위해 힘찬 날갯짓을 시작한 단계이며, 첨단 기술인 NFT와 결합한다면 무궁무진한 시너지 효과를 낼 것이라는 사실이지.

지식재산권의 새로운 다크호스로 떠오르고 있는 NFT에 관심을 가져 본다면 지금과는 다른 새로운 기회가 친구들을 기다리고 있을 거야.

'특허 괴물'이
대체 뭐지?

혹시 뉴스에서 '특허 괴물'이란 말을 들어본 적 있니? 특허는 이
제 잘 알겠는데, 특허 괴물은 대체 뭘까?

지식재산권에 대한 중요성이 잘 알려지지 않았던 시기에 우
리나라는 물건을 만드는 제조업 중심의 산업이 주를 이루었고,
그렇다 보니 특허나 저작권에 대한 대비는 상대적으로 미흡할
수밖에 없었어. 그 결과 국내 대기업들은 특허 괴물이라는 보이

지 않는 적에게 시달리며 한동안 혹독한 대가를 치러야 했지.

비실시기업(NPE)이라고도 불리는 특허 괴물은 중소기업이나 개인 발명가들에게서 특허권을 매입한 후 이를 활용해 생산 활동은 하지 않으면서 그들이 보유하고 있는 특허를 침해한 기업을 상대로 특허권 침해 소송을 걸어 고수익을 올리는 특허 소송 전문 기업을 말해.

특허 괴물이라는 명칭은 1998년에 미국의 세계적 기업인 인텔사가 테크서치라는 한 무명의 회사로부터 특허 침해 소송을 당하게 되면서 시작되었어. 테크서치는 관련 기업으로부터 특허권을 싸게 사들인 후 소송을 통해 거액의 배상금을 노리는 방법을 사용했는데, 당시 테크서치가 요구한 배상액은 특허권 매입 가격의 1만 배에 이르렀다고 해. 이때 인텔 측 변호를 맡았던 피터 뎃킨이라는 변호사가 테크서치를 일컬어 '특허 괴물'이라고 비난한 데서 이 명칭이 유래하게 되었지.

인텔사는 이후 몇 년간의 긴 법정 싸움 끝에 결국 소송에서 승리했는데 재미있는 것은, 당시 인텔사의 변호를 맡았던 피터 뎃킨 변호사가 이 일을 계기로 특허권의 중요성을 깨닫게 되면서 또 다른 특허 괴물인 인텔렉추얼 벤처스에 투자하게 되었고, 그로부터 몇 년 후 인텔사를 퇴사하고 이 회사의 영업이사로 들어가게 되었다는 점이야. 이후로 인텔렉추얼 벤처스는 세계 최대의 특허 괴물로 성장했어.

특허 괴물의 또 다른 이름은 특허 파파라치, 특허 해적, 특허 사냥꾼인데, 별칭에서 볼 수 있듯이 부정적인 이미지가 상당히 강하지. 그도 그럴 것이 기업 입장에서는 전혀 생각지도 못했던 복병을 만난 것과 같거든. 특허 소송에 몰리면 장시간 사업이 지연되거나 최악의 경우엔 사업 자체가 무산될 수도 있기 때문에 결국 울며 겨자 먹기로 거액의 보상금을 지급하거나 특허를 사용하는 대가로 지불하는 로열티 계약을 맺을 수밖에 없는 상황에 내몰리게 되지.

실제로 삼성, LG 등 우리나라 대기업들도 초창기에는 이런 특허 괴물 공격에 속수무책으로 당하며 거액의 보상금을 배상하거나 로열티 계약을 맺는 등, 사업에 지장을 초래하기도 했었어. 하지만 현재는 기업들마다 이에 대비하는 관련 부서를 따로 운영하면서 적극적으로 대처해 나가고 있지.

얼핏 보면 특허 소송 전문 기업이 불법적인 집단처럼 보이지만, 사실 이러한 비실시 기업은 미국에서는 상당히 유망한 투자 회사에 속한다고 해. 그들은 업계 최고 수준의 변호사, 변리사, 엔지니어 등 전문가들이 모인 엘리트 집단으로, 보이지 않는 특

허의 가치를 찾아 매입한 후에 이와 관련된 기업들을 분석하고, 이들 기업의 사업 추이를 관찰하다가 회사의 수익이 극대화되었을 때 소송을 통해 특허를 판매하거나 로열티 계약을 맺어 거액의 수익을 올리는 것으로 알려져 있어.

따라서 이런 비실시 기업이 꼭 나쁜 점만 있는 것은 아니야. 이들을 통해 특허의 가치가 올라가고 지식재산권의 중요성이 강화된 면이 있거든. 특히 개인 발명가 입장에서는 이러한 특허권의 유통을 담당하는 회사가 필요하기도 하고 말이야. 나의 특허 가치를 분석해 주고, 이것을 필요로 하는 기업에게 적정한 금액을 받고 판매해 주는 긍정적인 역할도 해 주기 때문에 개인 발명가들한테는 고마운 존재이기도 하지.

특허 괴물의 주요 활동 무대는 미국이라고 해. 그 이유는 미국의 특허법이 특허권자의 권리를 강력하게 보호해 주기 때문이야. 대표적인 특허 전문 회사로는 인텔렉추얼 벤처스, 인터디지털, NTP, 오션 토모, 모사드, 로빈슨 등이 있어.

창의성 가득한 인재가 되길 바라며…

우리나라 학생들의 교육 과정은 힘들기로 아주 유명해. 아침에 일어나 학교에 가는 것을 시작으로 많은 시간을 학원에서 보내며 입시와 취업이라는 좁은 문을 통과하기 위해 고군분투하고 있지. 한참 뛰어놀고 꿈을 키우고 싶은 나이에 누가 정해 놓았는지도 모르는 길로 쉴 새 없이 달려가고 있는 모습을 보면 안타깝다는 생각이 들어.

이렇게 각박한 교육 환경 속에서 당장 눈에 보이지도 않는 창의성

이 뭐가 중요하냐고 말할지도 몰라. 하지만 여기에 대한 인벤토의 대답은 아주 명확해. 창의성이야 말로 친구들이 반드시 갖춰야 할 미래의 핵심 역량이자 가치이기 때문이야.

인류는 언제나 창의적인 생각을 통해 수많은 발전을 거듭해 왔어. 인간에게 만약 창의성이 없었다면 아마 지금과 같은 고도의 문명을 이룩하지 못했을 거야. 어떠한 문제를 해결하는 과정에서 창의적인 발상은 언제나 혁신의 모티브가 돼 왔고, 새로운 방향을 제시하는 핵심적인 역할을 해 왔기 때문이야.

4차 산업혁명이 이끄는 미래가 바로 눈앞에 다가왔어. 지금은 그 어느 때보다 창의적 발상이 요구되는 시기지. 이를 증명하듯 기업들은 독창적인 아이디어로 기업의 미래를 바꿀 수 있는 창의적인 인재들을 찾고 있어. 익숙함 속에서 불편함과 문제를 발견하고 그 안에서 새로움을 창조하는 '발명'은 처음부터 정해진 문제도 정해진 답도 없는 그야말로 '창의성 그 자체'라 말할 수 있어.

창의성은 미래의 원동력이며, 이제는 나만의 독창성을 보여 줄 방법을 찾아야 할 때야. 발명을 한다는 것은, 그리고 세상에 단 하나뿐인 특허를 받는다는 것은 나만의 창의성을 보여 줄 수 있는 아주 좋은 방법이 될 수 있어. 또한 이것이 우리가 발명을 배워야 하는 중요한 이유라 말할 수 있지.

인벤토 역시 많은 부분에서 부족한 평범한 사람이야. 그리고 한편으론 머릿속에 항상 '왜?'라는 질문을 던지며 사물을 연구하고 성장하는 걸 좀 좋아하는, 평범하지 않은 사람이기도 하지.

발명적인 사고는 평범함 속에서 새로운 가치를 만들어 내는 특별한 사람으로 성장하는 데 밑거름이 되어 줄 거야. 그렇게 되기 위해 꼭 많은 시간을 할애하거나 특별한 교육을 받아야만 하는 건 아니야. 사물에 대해서 작은 관심을 보이고 평범한 일상에 가끔씩 물음표를 던지며 스스로 생각해 보는 시간을 가지면 어느새 조금씩 성장하는 나를 발견하게 되거든.

지금까지 책을 통해 친구들과 함께 발명과 특허에 대해 이야기할 수 있어서 너무 좋았어. 십 대인 지금이 인생에 다시는 돌아오지 않을 소중한 시간이라는 걸 기억하며 언제나 창의성을 잃지 않는 훌륭한 인재로 성장하길 바랄게.

너의 오늘을 응원해!

진로 쫌 아는 십대 04

발명과 특허 쫌 아는 10대
나도 지식재산권을 가질 수 있을까?

초판 1쇄 인쇄 2023년 1월 20일
초판 1쇄 발행 2023년 1월 30일

지은이 김상준
그린이 신병근
함께 그린이 이혜원·선주리

펴낸이 홍석
이사 홍성우
인문편집팀장 박월
편집 박주혜
디자인 신병근
마케팅 이송희·한유리·이민재
관리 최우리·김정선·정원경·홍보람·조영행·김지혜

펴낸곳 도서출판 풀빛
등록 1979년 3월 6일 제2021-000055호
주소 07547 서울시 강서구 양천로 583, 우림블루나인 A동 21층 2110호
전화 02-363-5995(영업), 02-364-0844(편집)
팩스 070-4275-0445
홈페이지 www.pulbit.co.kr
전자우편 inmun@pulbit.co.kr

ISBN 979-11-6172-867-4 44190
       979-11-6172-794-3 44080(세트)